문맥에서 길을 찾다

바른 구약 읽기

문맥에서 길을 찾다: 바른 구약 읽기

초판 1쇄 인쇄 2023년 10월 18일
초판 1쇄 발행 2023년 10월 25일

지은이 장세훈
펴낸이 유동휘
펴낸곳 SFC출판부
등록 제104-95-65000
주소 (06593) 서울특별시 서초구 고무래로 10-5 2층 SFC출판부
Tel (02)596-8493
Fax 0505-300-5437
홈페이지 www.sfcbooks.com
이메일 sfcbooks@sfcbooks.com
기획·편집 편집부
디자인편집 최건호
ISBN 979-11-87942-89-4 (03230)
값 14,000원

문맥에서
길을 찾다
바른 구약 읽기

장세훈 지음

SFC

목차

추천의 글 **7**

서문 **11**

1장 여자의 후손의 승리는 누구의 승리인가? **15**

2장 하나님께서는 왜 가인의 제사를 받지 않으셨을까? **23**

3장 함의 저주는 아프리카인들과 관련이 있는가? **30**

4장 애굽의 종살이는 아브라함의 제사 탓인가? **39**

5장 바로의 완악함은 누구 때문인가? **46**

6장 소제의 의미는 무엇인가? **53**

7장 나답과 아비후는 왜 급사했는가? **61**

8장 구약의 음식법은 건강을 위한 지침서인가? **69**

9장 미리암의 나병 심판은 모세의 잘못을 지적했기 때문인가? **78**

10장 모든 가난은 불신앙의 결과인가? **86**

11장 라합의 붉은 줄인가 그녀의 신앙고백인가? **93**

12장 기도를 쉬는 죄의 의미는 무엇인가? **102**

13장 웃사의 죽음은 그만의 책임인가? **108**

14장 다윗의 인구조사는 누구의 문제인가? **115**

15장 전도서는 많이 공부하는 것을 부정하는가? **122**

16장 '계명성' 루시퍼는 사탄을 의미하는가? **132**

17장 '성경'의 짝인가, '짐승'의 짝인가? **142**

18장 이사야가 말하는 '이전 일'과 '새 일'은 무엇인가? **149**

19장 하나님의 어머니 이미지는 어떻게 강조되어야 하는가? **155**

20장 다니엘 1장의 이야기는 채식의 중요성을 말하는가? **164**

21장 성경은 '가계의 저주'를 옹호하는가? **175**

22장 여호와를 아는 지식의 결핍은 누구의 책임인가? **184**

23장 요엘서는 현대 은사주의 운동을 지지하는가? **193**

24장 하나님께서 미워하시는 이혼은 무엇인가? **199**

25장 십일조는 더이상 필요없는가? **210**

주 **217**

참고문헌 **229**

이번에 저자가 개정증보해서 새롭게 쓴 『문맥에서 길을 찾다: 바른 구약 읽기』는 매주 강단에 서야하는 목회자들은 물론 성경을 읽고자 하는 모든 독자들에게 아주 중요한 필독서입니다. 특히 이 책은 설교자들이 문맥에서 벗어나 자주 범하는 구약성경 해석의 오류를 아주 잘 지적하고 있으며, 성경신학적 맥락에서 바르게 해석하는 길을 열어주고 있습니다. 따라서 이 책을 읽는 독자들은 이 책에서 다루고 있는 본문들뿐만 아니라 모든 신구약 성경을 보다 잘 해석할 수 있는 도움을 얻게 될 것입니다. 이 책의 일독을 필히 권합니다.

_이문식(광교산울교회 담임목사)

성경읽기의 기본은 문맥파악입니다. 이것 없이 문맥에서 떠난 구절해석은 오독을 낳습니다. 심지어 해석하는 자의 마음대로 의미가 조작될 수도 있습니다. 그런데 오늘날 이런 문맥을 떠난 해석들이 하나님의 말씀으로 전해지는 안타까운 현실이 적지 않습니다. 때문에 이 책의 출간이 더욱 반갑게 다가옵니다. 문맥을 살피고 파악하는 일은 난해하고 어려운 본문일수록 더욱 필요한 작업입니다. 하지만 이 작업에는 전문적인 학자의 도움이 필요합니다. 그렇지 않으면 문맥을 찾기가 어렵습니다. 이런 점에서 저자는 구약학자로서 난해하고 어려운 구절의 뜻을 문맥에서 정확하게 그리고 풍부하게 밝혀내고 있습니다. 성경의 뜻을 보다 바르게 이해하고자 하는 독자들에게, 특히 매주 성경과 씨름해야 하는 목회자들에게 구약의 난해한 본문을 정확하게 풀어낸 이 책은 매우 실질적인 도움이 될 것입니다.

_정현구(서울영동교회 담임목사)

성경오독의 가장 빈번한 사례는 대개 문맥 이탈에서 일어납니다. 이 책은 이런 위험의 실제적인 예들을 잘 보여줍니다. 저자와는 오래전부터 이 주제를 함께 의논해 왔습니다. 이번에 내용이 더 보충된 증보판이 나왔기에 반가운 마음이 매우 큽니다. 우리는 성경 전체의 큰 그림을 잘 볼 줄 알아야 하며, 그 속에서 작은 그림들의 얼개 또한 잘 볼 줄 알아야 합니다. 때로는 해석자의 오도된 선이해 때문에, 때로는 숨은 욕망을 정당화하기 위한 수단으로 성경을 자의적으로 해석하는 경우가 많습니다. 이 책은 이런 숨은 동기들을 폭로하고 건강한 성경해석의 길을 제시하기에 성경을 사랑하는 독자들에게 큰 유익을 줄 것입니다.

_최승락(고려신학대학원장, 신약학 교수)

한권의 책을 읽으며 탄성이 절로 나옵니다. 우선, 주제 선정의 탁월성 때문입니다. 저자는 평신도는 물론 목회자들까지 가장 궁금해 하는, 그야말로 목회현장에서 가장 자주 나오는 질문들을 엄선하였습니다. 둘째는 탁월한 설득력 때문입니다. 저자는 정확한 단어 설명 및 근접 문맥과 경맥을 통하여 가장 성경적으로 답을 제시하고 있습니다. 셋째는 삶으로 다리를 놓았기 때문입니다. 이 책은 신학자가 썼지만 신학책으로 끝나지 않습니다. 구체적인 삶의 현장으로 들어가게 합니다. 넷째는 믿음의 책이기 때문입니다. 이 책을 읽는 동안 나와 동행하시는 하나님을 만나게 되고, 믿음이 확실해짐을 느끼게 되고, 교회의 능력과 승리를 보게 되고, 결국 절망의 시대 속에서 하나님 나라를 소망하게 됩니다. 이 책은 오랫동안 두고두고 서고에 꽂아 두고 읽어야 할 참고서이며 지혜서입니다. 이 책을 직접 읽어보면 과찬이 아님을 알게 될 것입니다. 이런 책을 출간하게 하신 하나님을 찬양합니다.

_길성운(성복중앙교회 담임목사, CTCK 이사장)

상대방의 이야기를 이해하기 위해 반드시 필요한 것은 경청입니다. 우리가 경청과정에서 자신의 생각을 하고 있거나 상대의 말을 세밀하게 듣지 않으면 의사소통의 오류가 생깁니다. 따라서 경청은 상대의 말을 처음부터 끝까지 듣되 자세하고도 진지하게 들어야 합니다. 그것이 상대에 대한 존중입니다. 성경해석에 있어서 이러한 성실한 경청행위가 바로 문맥적 읽기입니다. 문맥에 근거한 자세하고 성실한 본문 읽기는 저자에 대한 최고의 예우이며 존중입니다. 장세훈 교수의 『문맥에서 길을 찾다: 바른 구약 읽기』는 우리가 성경 저자의 소리를 듣는 과정에서 어떤 문제가 생겼는지를 지적하고 그 문제를 해결하기 위해 저자의 소리의 흐름, 즉 문맥에 어떻게 귀를 기울여야 하는지를 잘 가르쳐주는 훌륭한 책입니다. 이 책은 우리가 성경을 읽을 때 발생한 오류 25개 본문을 문맥적 관찰과 적용을 통해 성경 저자의 소리가 우리에게 바르게 들리도록 안내합니다. 또한 성경에 자세히 귀를 기울이는 것이 얼마나 중요한 지를 잘 가르쳐 줍니다. 장세훈 교수의 성실한 학문적 작업이 결실을 맺게 되어 매우 기쁘게 생각합니다.

_강규성(한국성서대학교 부총장, 한국복음주의신학회 부회장)

성실한 말씀의 연구자인 저자가 『문맥에서 길을 찾다: 바른 구약 읽기』의 개정증보판을 출간하게 된 것은 매우 기쁘고 감사한 일입니다. 이 책은 구약성경에서 오해하기 쉬운 이슈들을 성경의 문맥에 근거하여 바르게 해석해 줍니다. 창세기 3장 15절의 원복음이 말하는 '여자의 후손'을 누구로 이해해야 하는지, 이사야 14장 12절의 '계명성'은 과연 타락한 루시퍼를 가리키는 것인지 등과 같은 문제에 대하여, 이 책은 그 해석의 근거가 본문의 문맥 및 성경 전체의 흐름이라는 점에 근거하여 올바른 해석과 적실한 적용을 제시합니다. 성경 해석의 귀감이 될 뿐만 아니라 중요한 이슈들에 대한 해결책을 제공하는 이 책을 목회자와 신학도, 그리고 성경을 사랑하는 모든 분들에게 진심으로 추천합니다.

_김희석(총신대학교 신학대학원 구약학 교수)

서문

21세기 그리스도인들은 수많은 설교와 성경공부의 홍수 시대를 살고 있습니다. 다수의 기독교 방송에서 흘러나오는 설교들, 다양한 성경공부 프로그램 그리고 설교집과 강해서들은 그리스도인들의 영적 성장을 살찌우며 하나님의 말씀을 더 깊이 알아가는 데 많은 유익을 가져다 줍니다. 그럼에도 불구하고 하나님의 뜻을 왜곡시킬 수 있는 잘못된 가르침들이 성행하고 있음도 부인할 수 없는 현실입니다. 그런데 대부분 이런 문제들은 잘못된 성경해석과 적용에서 비롯됩니다. 특히 본문의 문맥을 고려하지 않은 목회자들 및 독자들의 성경 읽기는 본문의 의도와 전혀 상관없는 주관적인 해석과 적용을 만들어 내며, 급기야 건강한 영적 성장에 치명적인 방해 요소로 작용하기도 합니다.

요즘 한국 교회가 점점 영적 성장에서 벗어나 영적 쇠퇴의 길로 접어들고 있다고 안타까워하는 분들의 염려를 많이 접하면서 다시 '기본으로 돌아가라(*Ad Fontes*[아드 폰테스])'는 말을 떠올리게 됩니다. 필자는 한국 교회의 회복은 결국 다시 하나님의 말씀으로 돌아가는 길밖에 없다고 생각합니다. 그리고 하나님의 말씀으로 돌아간다는 것은 하나님의 말씀을 바르게 해석하고 적용하는 것과 깊이 결부되어 있다고 믿습니다. 이런 필자의 신념은 2003년에 처음 신학대학원 교수로 부름을 받았을 때부터 시작되었으며, 이후로 언제나 바른 구약읽기를 위한 글을 써야한다는 무거운 책임감을 느껴왔습니다.

그리고 마침내 이런 책임감이 결실을 맺어 2018년에 『문맥에서 길을 찾다: 바른 구약 읽기』라는 제목으로 책을 출판할 수 있게 되었습니다. 당시 이 책은 교회의 목회자들이나 평신도 리더들에게 구약의 본문을 바르게 해석하고 적용하는 방법을 안내할 수 있었으면 하는 목적으로 출간되었습니다. 특히 그 가운데서도 이 책이 구약 본문들의 문맥을 잘 파악하지 못해서 발생하는 잘못된 해석과 적용의 실례들을 제시하는 한편, 그 본문들의 의미를 전후 문맥 속에서 바르게 파악할 수 있도록 돕는다는 점에서 많은 독자들로부터 사랑을 받아왔습니다.

그런데 어느덧 세월이 흐르면서 구약 본문의 문맥에서 벗어난 잘못된 해석과 적용에 관해 더 많은 내용들을 추가하고 보완하여 새롭게 출간할 필요성을 느끼고 있던 차에 SFC 출판사에서 이렇게 다시 개정증보판이 나오게 되어 매우 기쁘게 생각합니다. 부디 하나님의 말씀에 뿌리내린 건강한 교회와 성도를 세우는 데 이 책이 조금이나마 쓰임받게 되기를 간절히 바라마지 않습니다.

바쁜 일정 속에서도 본 개정증보판을 위해 기꺼이 추천의 글을 써

주신 이문식 목사님, 정현구 목사님, 최승락 원장님, 길성운 목사님, 강규성 교수님 그리고 김희석 교수님께 깊은 감사를 드립니다. 무엇보다 이 책의 편집을 위해 수고의 땀을 아끼지 않은 SFC 출판사 직원분들과, 특별히 출판의 전 과정에서 적절한 제안과 소중한 의견을 나누어 주신 이의현 목사님께 진심으로 감사의 마음을 전합니다.

2023년 10월의 가을을 맞이하며

저자 장세훈

1장
여자의 후손의 승리는
누구의 승리인가?[1]

> "내가 너로 여자와 원수가 되게 하고 네 후손도 여자의 후손과 원수가 되게 하리니 여자의 후손은 네 머리를 상하게 할 것이요 너는 그의 발꿈치를 상하게 할 것이니라"
>
> _창세기 3장 15절

그리스도인이라면 누구나 창세기 3장 15절의 내용과 의미를 익히 들어보았을 것입니다. 여인의 후손이 뱀의 후손의 머리를 상하게 할 것이라는 표현은 예수 그리스도의 십자가의 승리를 나타내는 가장 대표적인 복음의 진수로 이해되어 왔습니다. 그러기에 창세기 3장 15절이 교회의 역사 속에서 '최초의 복음/원시복음(_protevangelium_)'으로 불린 것은 그리 놀라운 일이 아닙니다. 그럼에도 불구하고 창세기 3장 15절의 의미는 지금껏 논쟁의 대상이 되어 왔습니다. 대부분의 한국 교회 목회자들이나 성도들은 창세기 3장 15절에 등장하는 '여인의 후손'을 메시아이신 예수 그리스도로 이해하고 있습니다. 다시 말해, 창세기 3장 15절에 나오는 여인의 후손의 승리가 예수 그리스도의 십자가의 승리로 성취되었다고 확신합니다. 하지만 과연 이 구절에 등장하는 뱀을 향한 여인의 후손의 승리를 오직 예수 그리스도의 십자가의 승리만으로 국한시킬 수 있을까요? 그보다 구약과 신약의 전체 문맥에서 창세기 3장 15절의 의미를 살펴볼 때, 우리는 이 여인의 후손이 개인뿐만 아니라 어느 특정한 집단과 관련이 있음을 깨닫게 됩니다.

그렇다면 과연 뱀을 향한 이 여인의 후손의 승리는 어떻게 해석되고 적용되어야만 할까요? 이 질문에 대한 대답은 창세기의 문맥과 신약의 관점에 비추어서 본문을 관찰할 때 얻을 수 있습니다. 즉 이 구절의 전후 문맥과 신약과의 연관성을 고려해 볼 때, 이 구절에 등장하는 여인의 후손의 승리는 단순히 예수 그리스도의 십자가의 승리만을 의미하기보다 예수 그리스도 개인과 더불어 그분의 몸된 교회의 승리까지도 포함하고 있음을 알 수 있습니다.

문맥으로 관찰하기

창세기 3장 15절 후반부에 등장하는 '여자의 후손'에 관한 다양한 견해들과 논의들은 다음과 같은 질문들로 집약될 수 있습니다. 창세기

3장 15절의 여자의 후손은 개인인가 아니면 집단(혹은 집합체)인가?[2] 또한 뱀을 향한 이 여인의 후손의 승리는 누구의 승리를 가리키는가? 이러한 질문들에 대답하려면, 먼저 '여자의 후손'이 이토록 다양한 견해를 만들어내는 이유가 무엇인지를 알아야 합니다. 그것은 다름 아니라 원문해독의 차이에서 비롯됩니다. 그리고 이 원문해석의 차이는 다양한 번역본으로 반영됩니다.

창세기 3장 15절의 번역 가운데 가장 논쟁이 되는 단어는 3장 15절 후반부에 있는 "여자의 후손은 네 머리를 상하게 할 것이요"라는 표현에서 '여자의 후손'으로 번역된 인칭대명사 '후'라는 히브리어입니다. 이 단어는 창세기 3장 15절에서 뱀의 머리를 상하게 하는 주체로 묘사되기 때문에 매우 중요합니다. 특히 이 '후'라는 히브리어 인칭대명사는 일반적으로 3인칭 남성 단수이지만, 문맥에 따라 '그', '그녀' 혹은 '그들'과 같은 다양한 인칭으로 사용될 수 있습니다. 한글 개역개정은 이 단어를 다소 의역하여 '여자의 후손'으로 번역하고 있지만, 70인경이나 다른 영어 번역본들은 다른 번역을 제시하기도 합니다.

먼저 70인경은 이 '후'라는 히브리어 3인칭 남성 단수 인칭대명사를 '그'라는 뜻의 헬라어 인칭대명사인 '아우토스'로 번역합니다. 70인경이 여자의 후손을 가리키는 단어로서 '그'라는 3인칭 남성단수 대명사를 사용한 것은 이 여자의 후손이 한 특정한 개인을 가리킨다는 인상을 심어줍니다. 그리하여 몇몇 학자들은 창세기 3장 15절에 대한 70인경의 번역이 가장 오래된 메시아적 해석의 증거가 된다고 주장합니다. 그리고 이러한 70인경의 번역이 여러 영역본들에게 영향을 미쳤는데, 가령 NKJV, NASB, NLT는 '후'를 '그'에 해당하는 'He'로 번역합니다. 특히 이 영역본들은 'He'를 대문자로 번역함으로써 메시아적 뉘앙스를 전달하고 있습니다. 이에 반해 NIV나 NRSV와 같은 영역본들은 '후'를 한 특정한 개인 혹은 메시아적 의미로 보지 않기 때문에 대문자 'H' 대신 소문자 'h'를 사용함으로써 메시아적 뉘앙스를 반감시킵니다. 아마도 NIV나 NRSV는 히브리어 '후'의 대상이 어느 한 특정 개인에게로만 적용되는 것을 피하려고 한 듯합니다.

그런데 창세기 3장 15절에 있는 '여자의 후손'을 한 특정한 개인(a particular person)으로 볼 것인지, 아니면 한 특정한 그룹이나 집합(a collective)으로 볼 것인지를 결정하는 문제는 창세기 3장 15절의 전후 문맥과 결부되어 있습니다. 창세기 3장 15절에서 '후손/자손'을 가리키는 히브리어 '제라'는 창세기에서 59회나 등장하는 주요 단어인데, 대부분 족장 이야기에 집중됩니다.[3] 특히 창세기 3장 15절 이후에 나오는 셋의 등장은 '여자의 후손'과 셋과의 신학적 연관성을 추론하게 만듭니다. 비록 창세기 1장 26-28절에 나타난 아담의 축복과 사명이 창세기 3장의 타락에 의해 위기에 처하게 되지만, 셋으로 등장하는 '여자의 후손'은 창세기 3장 15절에 반영된 인류를 향한 희망을 여전히 비춰줍니다.

나아가 이와 같은 희망은 노아(창9:9)와 아브라함, 그리고 애굽의 이스라엘과 같은 '여자의 후손'으로 이어지며, 출애굽 후 가나안을 점령한 시내산 언약 공동체로 확장됩니다. 그러므로 창세기 전체의 문맥에서 볼 때, 창세기 3장 15절의 '여자의 후손'은 문자적으로 여자로부터 태어난 한 개인을 뜻할 수도 있지만, 그보다 특정한 한 그룹을 지칭하는 것으로 이해될 수도 있습니다. 그렇다면 '뱀의 후손' 역시 문자적으로는 뱀들을 가리킬 수 있지만, 그보다 '여자의 후손'과 갈등관계에 있거나 그들을 대적하는 특정한 한 그룹(예. 노아나 족장들 및 이스라엘과 대립하거나 갈등관계에 있었던 자들로 가인, 노아시대의 악인들, 애굽의 바로, 가나안인들)으로 이해될 수도 있을 것입니다.

더군다나 신약 시대로 오면 이와 같은 갈등구도는 예수님과 사탄(계 19-20장), 교회와 사탄(계12:9), 신자들과 악의 영들(엡6:10-20) 혹은 교회와 사탄에 속한 무리들(요8:39,44) 사이의 대립으로 다양하게 묘사됩니다. 이와 같은 대립과 투쟁의 다양성은 예수 그리스도와 그분의 몸된 교회가 분리될 수 없듯이, 사탄과 그의 영들 그리고 사탄과 그의 통치를 받는 악인들 또한 서로 분리될 수 없음을 의미합니다.

이런 점에서 창세기 3장 15절의 여자의 후손을 개인으로만 취급하지 않고 집합적 존재로 보았던 칼뱅의 관점을 의미 있게 받아들일 필요가 있습니다. 칼뱅은 로마서 16장 20절("평강의 하나님께서 속히 사탄을 너희 발아래에서 상하게 하시리라")을 언급하면서 창세기 3장 15절에 대한 해석을 다음과 같이 확증합니다.

이 말씀들을 통해 그[바울]는 사탄을 깨뜨린 그 능력이 신실한 자들에게 주어지며 그리하여 그 축복이 전 교회의 공동자산(the common property)임을 알려준다. 그러나 동시에 그는 이런 축복이 오직 이 세상에서 시작되었을 뿐임을 우리에게 일깨운다. 왜냐하면 하나님께서는 오직 시련을 잘 감내하는 선수들에게만 왕관을 허락하시기 때문이다.[4]

칼뱅은 창세기 3장 15절의 약속이 일차적으로는 사람과 뱀 사이의 일반적인 적대적 갈등을 의미한다고 봅니다. 하지만 그럼에도 불구하고 그는 창세기 3장 15절의 약속이 예수 그리스도를 통해 성취됨을 인식하면서 동시에 사탄과의 싸움에서의 승리가 예수 그리스도를 믿는 모든 신자들에게도 적용된다고 역설합니다. 그런 점에서 칼뱅은 창세기 3장 15절의 여자의 후손은 메시아와 같은 개인을 포함한 집단적 의미로 해석될 수 있다고 결론짓습니다.

문맥에 뿌리내린 적용

앞서 살펴본 대로, 창세기 3장 15절에 등장하는 여인의 후손을 한 특정한 개인으로 적용시켜 메시아의 승리로 주장하는 견해가 틀렸다고 말할 수는 없습니다. 여자의 후손으로 오신 그리스도께서 악의 세력을 완전히 깨뜨려 승리하셨음은 너무나 분명한 사실이기 때문입니다. 그러나 이어져 나오는 구약의 문맥들과 신약의 본문들은 이러한 승리를 메시아이신 예수 그리스도 개인에게로만 국한시키지 않습니다. 오히려 신약의 본문들은 예수 그리스도의 승리를 교회의 승리와 연결시킵니다. 이와 같은 이유로 대표적인 개혁주의 성경신학자인 게하르더스 보스는 칼뱅의 입장을 따라서 창세기 3장 15절을 로마서 16장 20절과 결부시켜 해석합니다.[5]

이 본문을 단순히 메시아의 승리를 예고하는 본문으로만이 아니라 언약 공동체인 하나님의 백성, 곧 그리스도와 연합된 교회의 궁극적인 승리의 관점으로 볼 때, 오늘날 더욱 풍성한 의미로 우리에게 적용될 수 있을 것입니다. 창세기 3장 15절에서 하나님께서 말씀하신 이 약속은 구약의 역사 속에서 그리고 신약의 그리스도를 통해서 이미 이루어졌고, 오늘날 그분의 몸된 교회를 통해서 여전히 신실하게 이루어지고 있습니다.

이런 관점은 특히 오늘날 한국 교회를 향해 소망의 기대를 열어줍니다. 한국 교회를 섬기는 많은 목회자들과 신학자들은 한국 교회가 심각한 붕괴위기를 맞고 있고 퇴로의 일로에 놓여있다고 진단하며 많은 우려를 표합니다. 한국 교회의 죄에 대한 각성과 참된 회개의 회복의 차원에서 이러한 진단은 겸허히 수용하며 돌아보아야 할 바른 소리들임에 틀림없습니다. 그러나 지나치게 부정적인 시각으로 교회를 바라보며 소망이 없다고 절망하는 것은 바람직하지 않습니다. 사탄이 시시각각 여러 모양으로 교회를 무너뜨리려고 전략을 세워도 이 싸움의 결국은 교회의 승리로 결론지어질 것을 이미 창세기 3장 15절에서 하나님께서 약속하셨습니다. 때로는 그리스도인들이 패배하는 것처럼 보이고 교회가 힘을 잃고 쓰러지는 것 같아 보여도, 결단코 교회가 사탄에게 패할 수 없는 이유는 승리를 이미 약속하시고 성취하신 하나님의 신실하심 때문입니다. 그러므로 창세기 3장 15절의 여자의 후손의 승리는 셋, 노아, 아브라함, 이스라엘 및 다윗을 거쳐 예수 그리스도와 그분의 몸된 교회를 통해 이루어지는 사탄과의 싸움에서의 승리로 적용되어야 할 것입니다. 이것이 바로 창세기 3장 15절의 문맥과 그 성경신학적 관점이 강조하는 바입니다.

2장
하나님께서는 왜 가인의 제사를 받지 않으셨을까?

> "가인은 땅의 소산으로 제물을 삼아 여호와께 드렸고 아벨은 자기도 양의 첫 새끼와 그 기름으로 드렸더니 여호와께서 아벨과 그의 제물은 받으셨으나 가인과 그의 제물은 받지 아니하신지라"
>
> _창세기 4장 3-4절

성경은 예수 그리스도의 피 흘림의 대속이 중심을 이룹니다. 그러다보니 성경을 읽고 해석할 때 지나치게 피 흘림에만 집중하여 본문의 의미를 왜곡하거나 오해하는 일들이 종종 발생하곤 합니다. 이런 문제는 성경을 오랫동안 읽고 연구해 온 목회자들에게 더욱 흔하게 나타납니다. 오래 전에 창세기 4장에 등장하는 가인과 아벨의 제사에 관하여 강의를 한 적이 있습니다. 필자의 수업 시간에 한 신학생이 가인의 제사를 하나님께서 받지 않으신 이유가 '피 없는 제사'였기 때문이라고 주장했습니다. 필자는 그것이 이유가 아니라고 상세히 설명해 주었지만, 그 신학생은 필자의 설명을 전혀 수긍하지 않았습니다. 오히려 자신의 입장을 더욱 강하게 피력했습니다. 그 신학생은 지금도 자신의 입장을 확신하면서 가인이 피 없는 제사를 드려 하나님께서 그 제사를 받지 않으셨다고 강변하고 있습니다.

그런데 안타깝게도 이런 주장은 다른 여러 목회자들의 설교나 강의에서도 빈번하게 나타납니다. 그리고 이런 해석을 취하는 목회자들은 대체로 신학적으로 보수적이면서도 본문 중심의 설교를 강조하는 분들입니다. 심지어 잘 알려진 강해설교자들도 이렇게 해석합니다. 이런 현실을 볼 때마다 잘못된 성경해석학적 선이해가 본문 해석에 얼마나 큰 방해가 되는지를 절감하게 됩니다. 물론 구약과 신약을 관통하는 그리스도의 피와 그 대속의 의미를 결코 간과해서는 안 될 것입니다. 그러나 성경의 본문을 대할 때마다 본문의 문맥을 놓치고 곧바로 그리스도의 피의 구속사적 의미만을 지나치게 부여할 경우, 자칫 본문의 의미를 해석자 자신의 해석 프레임에 과도하게 집어넣어 본문 자체의 의도를 왜곡하는 어리석음에 빠질 수 있습니다. 앞서 지적했듯이, 가인의 제사가 받아들여지지 못한 원인을 피 흘림 없는 제사에서 찾는 관점은 이런 오류를 보여주는 단적인 예입니다. 그렇다면 과연 가인의 제사를 하나님께서 거절하신 이유는 무엇일까요?

문맥으로 관찰하기

창세기 4장에 등장하는 가인과 아벨의 제사를 연구해 온 학자들은 이 제사와 관련해 다음과 같이 다양한 견해를 제시해 왔습니다. 첫째, 어떤 이들은 하나님께서 아벨의 제사는 받으시고 가인의 제사를 거절하신 이유에 관해 '설명 불가한 하나님의 주권적 자기 결정'이라고 강조합니다. 성경에는 하나님의 주권적인 선택적 결정이 나타나며, 이런 결정은 하나님의 주권에 의한 것이기 때문에 그 이유를 설명하기 어렵다는 것입니다. 예를 들면, 하나님께서 야곱과 에서 가운데 야곱을 선택하신 것은 하나님의 주권적 자기결정에 해당한다는 것입니다. 그래서 가인과 아벨의 제사의 열납 여부도 이와 같은 하나님의 주권적 결정에 속한다고 봅니다. 결론적으로 가인이 특별히 어떤 잘못을 저질렀기 때문이 아니라, 하나님의 선택이요 주권적인 결정에 따른 것이라는 해석입니다. 그러나 창세기 4장의 문맥적 상황은 이런 해석을 지지하지 않습니다. 더욱이 가인의 태도에 많은 지면을 할애하는 창세기 4장의 의도는 예배자로서의 중심을 상실한 가인의 문제를 더욱 부각시키고 있기 때문에, 하나님의 주권적 자기결정을 강조하는 해석은 본문의 문맥과 부합하지 않습니다.

둘째, 어떤 이들은 가인이 드린 제사의 문제를 '피 없는 제사'라고 규정합니다. 이들이 주장하는 해석의 가장 강력한 증거 본문은 히브리서 9장 22절("율법을 따라 거의 모든 물건이 피로써 정결하게 되나니 피 흘림이 없은즉 사함이 없느니라")입니다. 이들은 가인이 짐승의 피로 제사를 드리지 못했기 때문에 하나님께 거절당했다고 주장합니다. 반면에 아벨의 제사는 '피 있는 제물'을 수반했기 때문에 하나님께서 기쁘게 받으셨다고 봅니다. 그러면서 그 증거로 아벨의 제사를 언급하는 히브리서 11장 4절의 다음 표현을 제시합니다. "믿음으로 아벨은 가인보다 더 나은 제사를 하나님께 드림으로 의로운 자라 하시는 증거를 얻었으니 하나님이 그 예물에 대하여 증언하심이라 그가 죽었으나 그 믿음으로써 지금도 말하느니라." 즉 아벨이 가인보다 더 나은 제사를 하나님께 드렸는데 아벨의 예물이 그 증거가 된다면서, 그 아벨의 예물이 '피 있는 제물'이라고 주장하는 것입니다.

그러나 과연 가인의 제사의 실패의 이유가 '피 없는 제사'였기 때문일까요? 또한 히브리서 11장 4절에 등장하는 아벨의 예물은 짐승의 피로 드린 예물이었기 때문에 가인의 예물보다 더 낫다고 평가받은 것일까요? 가인의 제사의 문제를 '피 없는 제물'에서 찾는 해석은 다음과 같이 몇 가지 문제에 직면할 수 있습니다.

첫째, 하나님께서 '피 없는 제사'를 받지 않으신다면, 레위기 2장에 소개되는 피 없이 바치는 '소제'의 규례는 설명이 불가능해집니다. 구약에서 하나님께서는 짐승의 피로 드리는 제사뿐만 아니라 피 없는 제사도 받으십니다. 그러므로 단순히 '피 없이' 드렸다는 이유만으로 하나님께서 거절하셨다는 식의 논리는 설득력을 상실합니다. 둘째, 창세기 4장 2절에서 가인은 농사짓는 자로 소개되는 반면에 아벨은 양치는 자로 묘사됩니다. 이런 표현은 농사짓는 자와 양치는 자가 각각 자신이 수확한 결실을 하나님께 예물로 바치는 것이 더욱 자연스러운 것임을 암시합니다. 그러므로 가인이 자신의 직업에 따른 결실을 하나님께 제물로 바친 것은 잘못이 아니었을 것입니다.

그렇다면 왜 하나님께서는 아벨의 제물은 받으시고 가인의 제물은 거절하셨을까요? 창세기 4장의 문맥은 가인의 문제가 제물의 종류보다 제물에 담긴 정성과 관련이 있음을 짐작케 합니다. 다시 말해, 제사의 열납 기준은 어떤 종류를 바치느냐가 아니라 어떤 마음으로 드리느냐에 있는 것입니다. 하나님께서 가인의 제사를 거부하셨을 때, 가인은 분노로 반응합니다. 그러자 하나님께서는 분노하는 가인에게 "네가 선을 행하면 어찌 낯을 들지 못하겠느냐?"(7절)라고 질문하십니다. 하나님의 질문은 제사를 바치는 가인의 내적상태에 심각한 문제가 있음을 암시합니다. 그럼에도 불구하고 가인은 자신의 문제를 직시하기보다 오히려 자신의 분노를 동생에게 쏟아 부어 그를 살해하는 더 큰 죄악을 저지르고 맙니다. 이처럼 창세기 4장의 문맥은 예배자로서의 가인의 성품과 그의 내적 상태의 문제를 부각시키고 있습니다. 이것은 가인의 제사의 문제가 제물의 종류에 있지 않고 제물을 바치는 그의 내적인 상태와 연관이 있음을 시사합니다.

나아가 창세기 4장에 등장하는 제사를 연구해 온 많은 학자들은 가인과 아벨의 제물에 나타난 가장 큰 차이점으로서 '첫 새끼'라는 단어에 집중하기도 합니다. 그들에 의하면, 아벨이 드린 '첫 새끼'라는 단어는 아벨의 제사와 가인의 제사의 극명한 차이를 보여줍니다. 즉 아벨은 자신이 얻게 된 수확의 결실 가운데 첫 번째 것을 하나님께 드린 반면, 가인은 그렇지 않았다는 것입니다. 따라서 그들의 제사의 차이는 동물이냐 곡식이냐가 아니라 첫 소출이냐 나중 것이냐에 있었다고 강조합니다. 다시 말해, 제사를 드리는 자의 마음에서 나오는 정성의 차이가 제사의 차이를 만들었다는 것입니다. 그런데 여기서 '첫 새끼'라는 표현을 단순히 마음의 정성으로 보기보다는 궁극적으로 제사를 드리는 자의 내적인 믿음을 반영하는 것으로 보는 것이 더 합당할 것입니다. 결론적으로 가인과 아벨의 제사의 차이는 제사를 드리는 자의 믿음의 차이라고 볼 수 있습니다. 이와 같은 결론이 앞서 언급한 히브리서 11장 4절이 의미하는 바이기도 합니다.

> "믿음으로 아벨은 가인보다 더 나은 제사를 하나님께 드림으로 의로운 자라 하시는 증거를 얻었으니 하나님이 그 예물에 대하여 증언하심이라 그가 죽었으나 그 믿음으로써 지금도 말하느니라"(히 11:4)

문맥에 뿌리내린 적용

구약과 신약의 중심에 그리스도의 피와 그 대속의 의미가 흐르고 있음은 의심의 여지가 없습니다. 그러나 구약에 등장하는 모든 제사를 '피'의 유무와 연결시켜 그 성공과 실패를 규정하는 것은 지나친 해석이 될 수 있습니다. "피 없이는 사함이 없다."라는 신약의 표현을 마치 제사가 열납되기 위한 절대적 기준처럼 모든 제사에 적용하는 것은 매우 위험스런 접근입니다. 비록 희생제물의 '피'가 속죄의 기능을 수행함으로써 제사 의식에서 매우 중요한 위치를 점하고 있지만, 모든 제사의 희생 제물을 동물로 제한시키는 것은 자칫 본문의 문맥과 그 의도에서 벗어날 수 있습니다. 무엇보다도 창세기 4장의 문맥은 제사의 핵심이 짐승의 '피'가 아니라 믿음으로 드리는 예물의 중요성에 있음을 강조합니다. 따라서 가인의 제사의 실패의 원인을 '피 없는 제사'에서 찾을 경우, 본문의 문맥이 의도하는 이런 핵심은 놓쳐버릴 수 있습니다. 이런 점에서 창세기 4장을 읽는 독자들은 아벨의 제사의 성공과 가인의 제사의 실패를 '피'와 연결시키지 않도록 주의해야 합니다. 오히려 제사 드리는 자의 믿음의 자세가 얼마나 소중한지를 강조함으로써 예배하는 자의 마음의 자세를 강조해야 할 것입니다.

3장
함의 저주는
아프리카인들과 관련이 있는가?

"노아가 농사를 시작하여 포도나무를 심었더니 포도주를 마시고 취하여 그 장막 안에서 벌거벗은지라 가나안의 아버지 함이 그의 아버지의 하체를 보고 밖으로 나가서 그의 두 형제에게 알리매 셈과 야벳이 옷을 가져다가 자기들의 어깨에 메고 뒷걸음쳐 들어가서 그들의 아버지의 하체를 덮었으며 그들이 얼굴을 돌이키고 그들의 아버지의 하체를 보지 아니하였더라 노아가 술이 깨어 그의 작은 아들이 자기에게 행한 일을 알고 이에 이르되 가나안은 저주를 받아 그의 형제의 종들의 종이 되기를 원하노라 하고 또 이르되 셈의 하나님 여호와를 찬송하리로다 가나안은 셈의 종이 되고 하나님이 야벳을 창대하게 하사 셈의 장막에 거하게 하시고 가나안은 그의 종이 되게 하시기를 원하노라 하였더라"

_창세기 9장 20-27절

고등부 시절 교회에서 성경공부를 할 때, 필자는 함의 후손들이 아프리카인들이라고 배운 적이 있었습니다. 그리고 아프리카 국가들이 기근과 가난으로 고통 받는 현실이 함의 저주와 관련이 있다고 믿었습니다. 그러나 세월이 흐르고 창세기 9장의 전후 문맥을 좀 더 상세히 읽게 되었을 때, 함의 저주가 아프리카의 고통스런 현실과 무관함을 깨달았습니다. 그러나 안타깝게도 아직도 이런 식으로 함의 저주를 이해하는 성도들이 많습니다. 우리에게 잘 알려진 기독교 방송에서 유명한 어느 목사님조차 함의 저주를 받은 아프리카의 현실을 직시하라면서 오직 예수님만이 아프리카를 함의 저주에서 해방시키실 수 있다고 역설하기도 했습니다.

물론 필자 역시 아프리카에도 예수님의 복음이 필요하며, 사단의 권세에서 해방되는 유일한 길은 오직 예수 그리스도의 복음뿐임을 믿습니다. 그러나 아프리카에 속한 나라들이 함의 저주 아래 현재에도 고통을 받고 있다는 그 목사님의 메시지는 받아들이기 어려웠습니다. 이런 일들은 비단 한국 교회에만 있는 현상이 아닙니다. 몇 년 전, 필자가 가르쳤던 신학대학원에서 영어로 수업하는 외국인 과정을 개설한 적이 있었습니다. 외국인 학생들과 함께 창세기를 수업하던 중 평소와는 달리 이들에게 조금 언성을 높이게 된 일이 있었습니다. 그것은 아프리카에서 온 한 유학생이 창세기 9장 20-27절에 등장하는 함의 저주를 언급하면서 함을 자기네 조상으로 이해하고 있었기 때문입니다. 그 학생은 아프리카인의 피부가 검은 색이 된 것은 함의 저주에서 비롯된 것이라고 생각하고 있었습니다. 참으로 안타까웠습니다. 다른 사람도 아니고 아프리카인 스스로가 자신을 함의 후손으로 규정하는 비극을 목도하면서 약간 격양된 목소리로 그 학생의 잘못된 성경이해를 교정해 주고, 아프리카인의 피부색과 함의 저주는 아무런 관련이 없다고 자세히 설명해 주었습니다. 수업을 마친 후에 그 학생은 내게 찾아와 고마움을 표시하며 성경해석이 얼마나 중요한지를 다시 한 번 깨닫게 되었다고 말했습니다.

함의 저주는 이 학생의 경우보다 더욱 심각하게 왜곡되거나 오용되기도 합니다. 가령 어떤 이들은 아프리카의 낙후성을 함의 저주와 연결시키곤 합니다. 심지어 노예무역을 정당화하기 위해 이를 악용하기도 했습니다.[6] 특히 미국의 몇몇 그리스도인들은 자신들의 노예제도를 정당화하기 위해 함의 저주를 적극 활용하였습니다. 예를 들면, 손튼 스트링펠로우(Thornton Stringfellow)는 "니그로들은 천한 신분으로 격하된 노아의 아들, 함의 후손들"이라고 주장했습니다.[7] 이런 인식은 결국 아프리카인들에 대한 노예제도를 정당화하는 발판이 되었습니다. 즉 아프리카인들이 노예의 삶을 살아야 하는 것은 함의 저주에 의한 운명이라는 것이었습니다.

필자는 노예제도를 정당화하기 위해 창세기 9장 20-27절이 사용되었던 과거의 어두운 미국의 역사를 살펴보면서 본문의 문맥에 기초한 올바른 성경해석의 중요성을 다시 한 번 절감할 수밖에 없었습니다. 더욱 슬픈 일은 아프리카의 낙후성을 함의 저주와 연결시키는 그릇된 관점들이 여전히 우리의 주변에 존재하고 있다는 사실입니다. 그러나 과연 창세기의 이 본문에 언급된 노아의 아들 함이 아프리카인의 조상일까요? 그리고 정말로 함의 저주가 아프리카인들에게 적용될 수 있는 걸까요?

이런 질문에 답하려면 먼저 창세기 9장 20-27절의 전후 문맥에서 함의 저주의 이유가 무엇인지를 알아야 합니다. 흥미롭게도 본문에는 함의 행동으로 인해 함이 아닌, 함의 아들 가나안이 저주를 받습니다. 그렇다면 본문의 문맥에서 이 저주의 원인과 의미는 무엇일까요?

문맥으로 관찰하기

함의 저주가 등장하는 창세기 9장 20-27절은 포도주에 취하여 맨몸으로 인사불성이 되어버린 노아의 모습으로 시작합니다. 벌거벗은 노아의 하체를 먼저 목격한 이는 함이었습니다. 함은 이 사실을 형제인 셈과 야벳에게 알렸고, 셈과 야벳은 노아의 하체를 보지 않기 위해 뒷걸음질로 노아에게 다가가 그의 하체를 가려주었습니다. 술이 깬 노아는 세 아들이 한 일을 알게 되었고, 함을 향해 "가나안은 저주를 받아 그의 형제의 종들의 종이 되기를 원하노라"(창9:25)고 선언합니다. 그렇다면 왜 노아는 함을 향해 가나안의 저주를 선포한 것일까요?

이러한 질문에 다양한 해석들이 제시되어 왔지만, 여기서는 대표적인 입장 두 가지만을 소개하겠습니다. 첫 번째 입장은 함의 저주가 그의 그릇된 성적 충동에서 비롯된 것이라고 진단하는 것입니다.[8] 다시 말해, 함이 아비 노아의 하체를 보고 성적 욕망을 품는 잘못을 범했다는 것입니다. 구약의 몇몇 본문들은 벗은 몸을 보는 행위를 금지합니다. 예를 들면, 제사장들에게는 제단을 향해 올라가는 일이 금지되었는데, 그 이유는 그들의 하체가 드러날 수 있었기 때문입니다(출 20:26). 심지어 구약의 여러 본문들에는 하체를 보는 행위가 성적인 행위를 가리키는 경우들도 있습니다(레20:17). 그래서 어떤 학자들은 함이 노아의 하체를 보았다는 표현을, 함이 그의 아버지 노아를 향해 성적인 죄악을 행한 것으로 이해합니다.

그러나 벌거벗은 노아의 하체를 본 것을 성적인 행위로 해석하는 것은 다소 설득력을 상실합니다. 실제로 본문의 저자는 함이 노아의 벌거벗음을 보고 그 사실을 두 형제에게 알렸다고 기록할 뿐입니다. 그러므로 벌거벗음을 성적행위로 규정하는 것은 본문 그 자체로부터 지나치게 벗어나는 일입니다. 반면에 어떤 이들은 함의 저주가 가나안에게 향하는 이유를 설명하기 위해 함의 근친상간을 강조하기도 합니다. 구체적으로 말하자면, 노아가 술에 취해 있을 때 함이 그의 어미와 근친상간을 했고, 그 결과로 태어난 자식이 바로 가나안이라는 것입니다. 그러나 이런 주장 역시 본문 자체로부터 어떤 근거나 증거도 취하지 못하는 약점을 안고 있습니다.[9]

두 번째 입장은, 함의 죄를 성적인 행위로 보는 입장과는 달리, 본문의 문맥에 근거하여 벌거벗은 노아의 모습에 대한 세 아들의 반응과 태도에서 보이는 차이에 집중하면서 함의 문제를 해석하는 것입니다. 즉 셈과 야벳은 노아의 하체를 보지 않고 뒷걸음질해서 그의 벗은 몸을 옷으로 덮었지만, 함은 노아의 하체를 보고 그 부끄러운 모습을 가리기보다 다른 이들에게 알렸다는 것입니다. 그리고 이러한 형제들의 상반된 반응은 함의 처신이 부적절했음을 암시한다는 것입니다. 다시 말해, 함이 노아의 벗은 몸을 보고 형제들에게 그 사실을 말한 것은 매우 부도덕한 행위로 간주될 수 있다는 것입니다. 그리하여 알렌 로스 (Allen P. Ross)는 "함이 경솔하게 쳐다보았던 도덕적 결함은 도덕법의 거부로 나아가는 첫 걸음을 의미한다. 더욱이 한 경계선에 대한 위반은 노아의 명예를 파괴시키고 말았다."라고 말합니다.[10]

필자는 이 두 가지 해석 가운데 후자의 견해가 타당하다고 봅니다. 창세기 9장 20-27절의 문맥은 함과 노아의 성적인 죄를 말하지 않습니다. 그보다는 함과 나머지 두 형제인 셈과 야벳이 서로 다르게 반응한 것을 부각시킵니다. 즉 수치스런 모습을 보인 아버지에 대한 자식들의 상반된 반응과 그에 대한 결과에 초점을 두고 있습니다. 더욱이 우가릿 서사시의 아캇 1장 32-33절을 인용하는 고든 웬함(Gordon Wenham)의 논지는 이런 문맥적 관찰을 더욱 지지해 줍니다.[11] 이 문서는 아버지가 술을 마신 경우에는 아들이 아버지를 손으로 부축해야 한다는 것과 아버지가 만취한 경우에는 아들이 아버지를 직접 데리고 와야 한다는 것을 언급합니다. 웬함은 이에 근거하여 함의 문제는 만취한 아버지에 대한 아들로서의 올바른 태도와 처신을 보이지 못한 것이라고 지적합니다.

그런데 여기서 우리는 왜 저주가 함이 아니라 함의 아들인 가나안에게 선언되고 있는지를 살펴볼 필요가 있습니다. 이 질문에 대해서도 많은 견해들이 제시되어 왔지만, 여기서는 크게 세 가지 입장만을 소개하겠습니다. 첫 번째는 함의 잘못 때문에 그의 아들인 가나안이 저주받는 이유는 풀 수 없는 난제라고 이해하는 입장입니다.[12] 두 번째는 함이 아버지의 권위를 무너뜨렸기 때문에 그의 아들인 가나안을 통해 동일한 문제를 경험하게 하는 것이라는 입장입니다. 마지막 세 번째는 가나안에게 선포된 저주를 미래에 일어날 사건에 관한 예기적인 관점으로 해석하는 입장입니다. 즉 장차 가나안 족속이 이스라엘에게 정복당하여 복속될 것임을 예상하여 미리 선언되고 있다는 것입니다. 필자는 이 세 가지 견해들 가운데 두 번째와 세 번째의 해석이 모두 가능하다고 봅니다. 다시 말해, 가나안을 향한 저주는 가나안이 아버지 함을 따라 동일한 범죄를 저지를 것이며, 나아가 먼 훗날 그의 후손들은 그들의 범죄로 정복과 종살이를 경험하게 될 것임을 예고한다는 것입니다.

문맥에 뿌리내린 적용

이상으로 우리는 함의 저주와 관련된 창세기 9장 20-27절에서 제기되는 몇 가지 중요한 해석의 이슈들을 간략히 살펴보았습니다. 비록 해석의 견해와 입장의 차이는 존재하겠지만, 아프리카인을 함의 후손으로 여기며 함의 저주를 그들에게 적용시키는 해석은 본문의 문맥 및 논점과는 전혀 관련이 없음을 확인할 수 있었습니다. 따라서 창세기 9장 20-27절에 등장하는 함의 저주를 아프리카인들에게 적용시키는 것은 본문의 의도에서 완전히 벗어나는 일입니다. 오히려 함의 저주를 이용하여 아프리카인들의 노예무역을 정당화했던 몇몇 미국 교회의 성경해석은 성경이 어떻게 인간의 탐욕에 의해 오용될 수 있는지를 적나라하게 보여주는 예시입니다. 이런 점에서 노예의 삶을 자신의 운명으로 강요당했던 과거 아프리카인들의 비극이 역사 속에서 다시 반복되는 일이 있어서는 결코 안 될 것입니다.

뿐만 아니라 함의 저주를 다른 특정한 인종이나 국가들과 연결시키는 위험한 적용 또한 반드시 교정되어야 합니다. 과거의 함의 후손들이 오늘날 누구인지를 역사적으로 추적하거나 규정하는 것은 의미도 없고 불가능한 일입니다. 오히려 구약에 등장하는 축복과 저주는 혈통적 관점이 아니라 예수 그리스도를 통해 성취되는 하나님과의 언약적 관점에서 해석되어야 합니다. 다시 말해, 혈통적으로 아프리카인이든 서양인이든 동양인이든 상관없이 예수 그리스도를 믿고 하나님과 언약을 맺는 사람은 누구든지 하나님 나라의 언약 백성으로서 복을 누리게 될 것입니다. 반면에 예수 그리스도를 믿음으로 거듭나지 않는 사람은, 설령 혈통적으로 아브라함의 자녀라 할지라도, 여전히 하나님의 저주 아래 있으며 심판을 경험할 수밖에 없습니다. 이처럼 구약의 축복과 저주는 오직 예수 그리스도를 통해 성취되며 복음의 빛 아래서 해석되고 적용되어야만 합니다. 그러므로 이제 창세기 9장 20-27절을 읽고 해석하는 그리스도인들은 함의 저주의 대상을 아프리카인들에게 적용시키지 않도록 깊이 주의해야 할 것입니다. 함의 저주는 아프리카인들과 무관합니다. 이것이 문맥이 지지하는 바입니다.

4장
애굽의 종살이는
아브라함의 제사 탓인가?

"아브람이 그 모든 것을 가져다가 그 중간을 쪼개고 그 쪼갠 것을
마주 대하여 놓고 그 새는 쪼개지 아니하였으며 솔개가 그 사체 위
에 내릴 때에는 아브람이 쫓았더라 해 질 때에 아브람에게 깊은 잠
이 임하고 큰 흑암과 두려움이 그에게 임하였더니 여호와께서 아
브람에게 이르시되 너는 반드시 알라 네 자손이 이방에서 객이 되
어 그들을 섬기겠고 그들은 사백 년 동안 네 자손을 괴롭히리니 그
들이 섬기는 나라를 내가 징벌할지며 그 후에 네 자손이 큰 재물
을 이끌고 나오리라"

_창세기 15장 10-14절

한국의 문화는 제사의 문화라 해도 과언이 아닙니다. 왜냐하면 일
년에 몇 차례의 큰 명절이나 돌아가신 부모님의 기일이 되면 언제나

제사에 정성을 쏟기 때문입니다. 특히 제사를 지내는 사람들은 누구나 제사의 정해진 절차를 매우 중요하게 여기며, 혹여나 절차를 어겨 부정 타는 일이 발생하지 않도록 온갖 주의를 기울입니다. 그런데 대개 이런 제사 문화는 제사의 정성이 후손들의 복과 관련이 있다는 사고에 기인합니다. 즉 후손들이 잘되고 성공하려면 무엇보다도 제사에 정성을 들여야 한다는 것입니다. 하지만 안타깝게도 이와 같은 미신적 사고와 유사한 형태가 그리스도인들의 잘못된 성경읽기에서도 나타나곤 합니다.

가령 어떤 목회자들은 예배를 올바로 드리지 않으면 자식들이 복을 받지 못하고, 정성을 다해 예배를 드려야만 자식들이 성공한다고 목소리를 높입니다. 특히 이런 목회자들이 자신의 견해를 뒷받침하기 위해 많이 사용하는 본문이 바로 창세기 15장 10-14절입니다. 이 본문에는 아브라함의 제사가 중점적으로 소개됩니다. 여기서 아브라함은 제물들을 모두 중간으로 쪼개지만, 새는 쪼개지 않고 하나님께 바칩니다. 그 후 곧이어 아브라함은 자신의 자손들이 400년간 애굽의 객이 될 것이라는 하나님의 말씀을 듣습니다. 따라서 언뜻 보면 아브라함이 새를 쪼개지 않고 드린 제사가 애굽의 종살이와 직접적으로 연관된 것처럼 보입니다. 그리하여 어떤 목회자들은 아브라함이 새를 쪼개어 제물로 바치지 않았기 때문에 그의 후손들이 애굽의 종살이를 경험하게 되었다고 말하면서 이로부터 예배의 중요성을 역설하곤 합니다.

그러나 애굽의 종살이가 아브라함의 부주의한 제사 때문일까요?

과연 본문의 문맥이 이런 해석을 지지할까요? 그렇지 않습니다. 오히려 창세기 15장 10-14절의 전후 문맥은 애굽의 종살이의 이유가 아브라함의 제사와 무관함을 밝힙니다. 그렇다면 창세기 15장 10-14절의 문맥이 밝히는 애굽의 종살이의 이유는 무엇일까요?

문맥으로 관찰하기

창세기 15장은 창세기 12장에 이어서 하나님께서 아브라함과 언약을 맺는 장면을 소개합니다. 그런데 창세기 15장의 언약이 12장과 구별되는 것은 애굽의 종살이에 관한 언급이 등장한다는 점입니다. 하나님께서는 창세기 12장에서 아브라함에게 그의 후손들이 가나안 땅을 차지하게 될 것이라고 약속하셨습니다. 그런 다음 창세기 15장에서는 아브라함의 후손들이 언제 가나안 땅을 소유하게 될 것인지를 더욱 구체적으로 알려주십니다. 곧 아브라함의 후손들은 400년간 애굽에서 종살이를 경험한 후에 가나안 땅을 차지하게 될 것이라고 말씀하십니다.

그렇다면 왜 아브라함의 후손들은 곧바로 가나안 땅에 들어가지 못하고 400년간의 세월을 지내야만 하는 것일까요? 창세기 15장 전체의 문맥을 살펴보면 그 이유가 분명해집니다. 특히 15장 16절에서 하나님께서는 다음과 같이 말씀하십니다.

"네 자손은 사대 만에 이 땅으로 돌아오리니 이는 아모리 족속의
죄악이 아직 가득 차지 아니함이니라 하시더니"

그렇습니다. 아브라함의 자손들이 400년간 애굽에서 종살이를 해
야 하는 이유는 아직 가나안 땅을 점령할 때가 아니었기 때문입니다.
더 구체적으로 말하자면, 가나안에 거하는 아모리 사람들의 죄가 하나
님께서 보시기에 아직 극심한 상태가 아니었기 때문입니다. 이로부터
우리는 아브라함의 후손들이 가나안 땅에 들어가는 행위는 가나안 거
민들의 죄에 대한 심판의 형식을 취하는 것임을 알 수 있습니다.

정리하자면, 하나님께서는 창세기 12장에서 아브라함에게 가나안
땅을 그의 후손들에게 줄 것이라고 약속하셨고, 창세기 15장에서는 그
구체적인 시기와 목적을 밝혀주셨습니다. 특히 창세기 15장에 나타난
아브라함의 언약은 하나님께서 400년 후 가나안 거민들의 죄가 가장
심각해질 때 애굽의 이스라엘을 통해 가나안 족속들을 심판하시고 그
땅을 이스라엘에게 허락하실 것임을 강조하고 있습니다. 그러므로 애
굽의 종살이를 아브라함의 제사 탓으로 설명하는 해석은 창세기 15장
의 문맥을 전혀 고려하지 않은 부주의한 성경읽기에서 비롯된 것이라
할 수 있습니다.

문맥에 뿌리내린 적용

아브라함이 새를 쪼개지 않은 행위는 제사의 규정 위반과는 상관이 없습니다. 새와 같이 제물의 크기가 작을 때는 굳이 제물의 몸을 자르지 않아도 되는 규례가 있음을 감안할 때(참조, 레1:17), 새를 쪼개지 않은 아브라함의 행위를 문제 삼는 것은 적절하지 않습니다. 그보다 창세기 15장의 언약은 창세기 12장에 약속된 아브라함 언약이 어떻게 구체적으로 성취될 것인지를 확증해 줍니다. 사실 하나님께서 아브라함 자손들에게 가나안 땅을 허락하지 않으시고 400년간 애굽으로 보내신 이유는 아직 가나안 거민들의 죄를 심판하실 때가 되지 않았기 때문입니다. 그러므로 창세기 15장에 등장하는 아브라함의 언약을 설교하는 목회자들은 아브라함의 제사를 애굽의 종살이의 원인으로 해석하지 않도록 주의해야 합니다.

나아가 창세기 15장 10-14절에 등장하는 가나안 정복에 대한 약속은 여리고 성의 전투와 정복을 해석하는 데도 매우 중요한 해석학적 열쇠를 제공합니다. 종종 목회자들은 가나안 정복 특히 여리고 성의 전투를 해석하고 적용할 때, '여리고'를 극복해야 할 장애물로 적용하는 경우가 있습니다. 예를 들면, '여리고'를 '불신'이나 '염려' 혹은 '걱정거리'와 같은 극복해야 할 장애물로 적용하는 것입니다. 그러나 '여리고'는 우리가 극복해야 할 '장애물'로 해석되어서는 안 됩니다. 그보다는 창세기 15장 10-14절에 예고된 이스라엘을 향한 하나님의 약속의 성취적 관점으로 해석되어야 합니다. 이와 관련해 고든 콘웰 신학교의 구약학 교수인 캐롤 카민스키(Carol Caminski)는 여리고 성의 잘못된 적용에 대해 다음과 같이 올바른 평가를 내립니다.

> 여리고 성벽은 무너져 내렸지만 하나님은 우리의 '벽'도 무너져 내릴 것이라고 약속하지 않으셨다. 또 본문에는 우리가 이 이야기를 이런 식으로 우리 자신에게 적용해야 한다는 어떤 암시도 없다. 첫째, 개인화라고 불리는 이러한 석의적 오류는 이야기의 주된 요점을 우리에게 적용하는 데 있다고 전제한다. 둘째, 이 이야기를 이런 식으로 적용하는 것은 풍유화를 가져온다. 다시 말해서, '문자적인' 여리고 성벽을 우리의 장애물과 연계시키는 풍유적 방식으로 해석하게 된다는 것이다. 이러나 이 이야기는 결코 이런 방식으로 해석하도록 의도된 것이 아니다. 이런 접근법의 위험성은 하나님이 우리에게 약속하지 않은 것을 약속하셨다고 전제하는 것이다.[13]

실로 여리고 전투는 창세기 15장 10-14절에 예고된 하나님의 약속의 첫 성취사건으로서 중요한 의미를 지닙니다. 그러므로 목회자들이 '여리고의 벽'을 곧바로 '우리의 장애물'로 적용할 경우, 성경의 큰 맥락에서 여리고 성의 멸망을 창세기 15장 10-14절의 약속의 성취로 보지 못하고 너무 쉽게 자신의 어려운 환경과 연결시켜 주관적으로 적용하는 함정에 빠질 수 있습니다. 이런 점에서 목회자들은 여리고 전투

에 관해 설교할 때, 우리의 장애물을 어떻게 극복해야 하는가의 문제
보다는 창세기 15장 10-14절에 예고된 이스라엘을 향한 하나님의 약
속이 어떻게 극적으로 성취되고 있는지를 강조할 수 있어야 합니다.

5장
바로의 완악함은
누구 때문인가?

"여호와께서 모세에게 이르시되 네가 애굽으로 돌아가거든 내가 네 손에 준 이적을 바로 앞에서 다 행하라 그러나 내가 그의 마음을 완악하게 한즉 그가 백성을 보내 주지 아니하리니"

_출애굽기 4장 21절

"그러나 바로의 마음이 완악하여 그들의 말을 듣지 아니하니 여호와의 말씀과 같더라"

_출애굽기 7장 13절

성경을 읽다보면 가끔씩 서로 충돌되거나 모순되는 표현들이 등장하곤 합니다. 그런 경우 때로 조화를 시도해 보려고 해도 도무지 해결책을 찾지 못할 때가 있습니다. 예를 들면, 출애굽기에 바로의 마음이 완악한 원인에 관해 서로 다른 표현들이 등장할 때입니다. 출애굽기 4-14장에서 바로는 출애굽하는 이스라엘 백성을 가로막는 왕으로 묘사됩니다. 이런 바로의 태도는 그의 완악한 마음에서 비롯된 것입니다. 그런데 흥미롭게도 출애굽기의 다른 곳에서는 이와 같은 바로의 완악한 마음의 원인이 다르게 소개됩니다. 즉 어떤 경우에는 바로 스스로 자신의 마음을 완악하게 하는 것으로 소개되는데, 또 다른 경우에는 하나님께서 바로의 마음을 완악하게 하시는 것으로 진술된다는 것입니다. 한 마디로 바로의 마음은 자신 스스로에 의해 완악하게 되기도 하고 하나님에 의해 완악하게 되기도 합니다. 그러면 이렇게 서로 다른 두 가지 이유를 어떻게 설명할 수 있을까요? 바로의 마음이 완악하게 된 것은 누구 때문일까요? 바로 자신의 의지의 결과일까요, 아니면 바로의 마음을 주관하시는 하나님의 의지 때문일까요?

문맥으로 관찰하기

출애굽기를 연구하는 여러 학자들은 출애굽기 본문의 문맥에 등장하는 바로의 완악함과 그 원인에 대해 다양한 입장들을 제시합니다. 먼저 대표적인 몇 가지 견해들을 살펴보겠습니다.

첫 번째 견해는 고전적인 해석으로, 바로의 완악함의 원인을 왕 자신에게 돌리는 것입니다. 즉 바로의 마음은 바로 자신의 의지에 의해 완악하게 된 것이라는 해석입니다. 바로의 마음의 문제는 모두 바로로부터 기인합니다. 그러면 하나님께서 바로의 마음을 완악하게 만들었다는 진술은 어떻게 이해해야 할까요? 혹자는 이것을 허용이라는 표현으로 설명합니다. 다시 말해, 하나님께서 바로의 마음을 직접적으로 완악하게 만드신 것이 아니라, 바로 자신의 의지에 기인한 그의 완악한 마음을 그대로 내버려 두셨을 뿐이라는 것입니다. 그럼으로써 바로의 마음이 더욱 완악하게 되었다는 설명입니다. 이런 고전적인 해석의 배경에는 신약성경 본문의 영향 탓도 있습니다. 그중에서도 특히 "사람이 시험을 받을 때에 내가 하나님께 시험을 받는다 하지 말지니 하나님은 악에게 시험을 받지도 아니하시고 친히 아무도 시험하지 아니하시느니라"(약1:13)는 말씀을 중요시합니다. 이 말씀에 따르면, 하나님을 바로의 완악함의 원인으로 볼 수 없습니다. 하지만 출애굽기를 처음부터 상세히 읽다 보면 하나님을 그 원인으로 묘사하는 구절들을 자주 만나게 됩니다. 이런 문제 때문에 학자들은 다른 대안들을 모색하였는데, 그중 하나가 두 번째 견해로 살펴볼 변증법적 해석입니다.

변증법적 해석은 고전적인 해석에 만족하지 못하는 학자들의 견해로서 본문의 표현들을 그대로 존중하려는 입장을 취합니다. 이 견해에 따르면, 성경에는 인간의 논리로는 설명이 불가능한 변증법적 진리들이 존재하며, 따라서 상이한 진술들은 있는 그대로 존중되고 수용되어야 합니다. 가령, 하나님의 주권과 인간의 의지의 변증법적 긴장은 인간의 논리로 조화시킬 수 없는 것으로, 서로 다른 실체를 그대로 인정하고 받아들여야 합니다. 성경에는 이와 같이 인간의 이성으로 설명

될 수 없는 많은 변증법적인 요소들이 등장합니다. 어떤 이들은 성경의 두 가지 속성(하나님의 말씀과 인간의 말)과 예수님의 두 가지 본성(인성과 신성) 또한 인간의 이성적 논리로는 설명이 불가능한 변증법적인 요소들이라고 말합니다. 무엇보다도 하나님의 주권과 인간의 의지의 문제는 교회의 역사 속에서 오래전부터 지금에 이르기까지 인간의 이성적 사유로 충분히 설명해 낼 수 없는 변증법적 요소로 인식되어 왔습니다. 따라서 출애굽기 4-14장에 나타나는 바로의 마음의 완악함의 이유 또한 바로 자신 때문이기도 한 동시에 하나님 때문이기도 한 것입니다. 한 마디로 변증법적 해석은 바로의 완악함의 서로 다른 원인을 논리적으로 설명하는 대신 있는 그대로 받아들일 것을 촉구하는 것입니다. 그런데 이런 해석에 따르면, 바로의 완악함은 처음부터 바로와 하나님 양쪽으로부터 비롯된 것이 됩니다. 하지만 출애굽기 4-14장에 등장하는 바로의 완악함은 하나님이 아니라 바로 자신으로부터 시작되고 있음을 놓쳐서는 안 됩니다.

세 번째 견해로는 고대 근동의 맥락에 따른 해석으로, 이는 최근 출애굽기를 연구하는 학자들에 의해 주장되는 입장입니다. 그들은 하나님께서 바로의 마음을 완악하게 하셨다는 표현에 집중적으로 관심을 기울이면서, 이런 표현이 매우 의도적인 것이며 또한 이런 의도에는 고대 근동의 맥락이 반영되어 있다고 주장합니다. 즉 고대 근동의 관점, 특히 이집트의 관점에서 바로의 마음은 오직 이집트의 신에 의해서만 통제되는데, 출애굽기 저자는 의도적으로 하나님께서 바로의 마음을 완악하게 하신다는 점을 부각시킴으로써 바로의 마음을 통제하시는 분은 이집트의 신이 아니라 하나님이시라는 점을 강조한다는 것입니다. 이에 따르면, 출애굽기 저자는 하나님께서 바로의 마음을 완악하게 하셨다고 함으로써 바로의 마음까지 친히 주관하고 다스리시는 하나님의 전능하심과 권능에 초점을 두고자 했던 것으로 볼 수 있습니다. 그런데 이런 관점은 새로운 통찰력을 주는 측면도 있지만, 앞서 두 번째 견해와 마찬가지로 바로의 완악함의 첫 시작이 하나님이 아니라 바로에서 비롯되고 있다는 진술에 대해 충분하게 설명하지 못한다는 한계가 있습니다.

마지막 네 번째 견해로 어떤 학자들은 하나님께서 바로의 마음을 완악하게 하신 것은 바로가 하나님의 경고를 듣지 않은 결과라고 주장합니다. 이 견해에 따르면, 하나님께서는 바로에게 여섯 번에 걸쳐 그분의 말씀에 순응하라고 경고하시면서 재앙에서 면할 수 있는 기회를 허락하셨습니다. 실제로도 하나님께서 바로의 마음을 완악하게 하셨다는 언급은 출애굽기 9장 12절에서 처음으로 언급됩니다. 따라서 여기서 하나님께서 바로의 마음을 완악하게 하셨다는 것은 하나님의 지속적인 경고와 심판에 대해 처음부터 완고했던 바로의 마음이 시간이 지나도 변화되지 않았을 뿐 아니라, 이후로도 변화의 가능성이 전혀 없음을 의미하는 것으로 볼 수 있습니다. 좀 더 구체적으로 설명하자면, 바로의 완악함은 바로 자신의 마음으로부터 시작되었으며, 이런 바로의 완악함에 대해 하나님께서 수차례에 걸쳐 경고와 재앙들을 내리셨지만, 이것이 오히려 이미 교만했던 바로의 마음을 더욱 강퍅하게 만들었다는 것입니다.

정리하자면, 바로의 마음은 이미 처음부터 완악해 있었으며, 하나님의 재앙은 이런 완악한 바로의 마음을 더욱 완악하게 만들었다는 점이 이 해석의 논점입니다. 저는 위의 여러 해석 중에서 이 마지막 해석이 매우 설득력이 있다고 생각합니다. 출애굽기 1장 10-11절에서 이스라엘 자손의 번성을 두려워하며 그들을 학대하는 바로의 강퍅한 모습은 그의 마음이 모세를 만나기 전부터 이미 완악해 있었음을 짐작하게 합니다. 그러므로 우리는 바로의 완악함이 처음부터 바로의 교만에서 비롯되었음을 결코 간과해서는 안될 것입니다.

문맥에 뿌리내린 적용

지금까지 바로의 완악함의 원인과 관련해 몇 가지 대표적인 견해들을 살펴보았습니다. 각각의 입장들에는 나름대로 장점들이 있습니다. 그러나 출애굽기 4-14장의 문맥은 바로의 완악함의 원인이 근본적으로 바로 자신의 탓이라는 점을 강조한다는 점을 놓쳐서는 안 될 것입니다. 만약 바로의 완악함의 일차적인 원인을 하나님에게서 찾는다면, 그것은 본문의 문맥에서 벗어나는 것입니다. 특히 마지막에 살펴본 바로의 완악함이 하나님의 경고를 듣지 않은 결과라고 보는 견해에서는 오히려 하나님께서 완악한 바로에게 다양한 이적들을 통해 적극적으로 경고하시는 것을 볼 수 있습니다. 그럼에도 바로는 계속해서 하나님의 경고를 무시했습니다. 뿐만 아니라 하나님의 경고가 거듭될수록 그의 마음 또한 더욱 완고하게 변해갔습니다. 그에 따라 하나님의 징계도 더욱 강화되는 악순환이 계속되었습니다. 결과적으로 이런 하나님의 경고와 징계는 교만한 바로의 마음을 더욱 강곽하게 만들었습니다.

그러므로 바로의 완악함이 전적으로 하나님 탓이라는 주장은 처음부터 바로의 마음의 내면에 자리한 그의 교만과 죄의 문제를 과소평가하는 것입니다. 나아가 이런 해석을 용납할 경우 매우 위험스런 적용이 발생할 수 있습니다. 예를 들면, 자신의 교만과 완악함의 잘못을 하나님의 주권 탓으로 돌리는 것입니다. 그러나 하나님께서 바로의 마음을 완악하게 하셨다는 사실이 바로의 죄를 무효로 만들지 않습니다. 실로 바로의 완악함은 하나님 탓이 아니라 처음부터 바로의 마음에서 싹터올랐고 하나님의 거듭된 경고와 재앙을 통해 더욱 강화되었음을 확인할 수 있습니다. 그러므로 바로의 완악함을 설교하고 가르치는 목회자들은 인간의 교만한 마음을 하나님의 주권 탓으로 돌리는 우를 범하지 않도록 경계해야 할 것입니다.

6장
소제의 의미는 무엇인가?

> "누구든지 소제의 예물을 여호와께 드리려거든 고운 가루로 예물을 삼아 그 위에 기름을 붓고 또 그 위에 유향을 놓아 아론의 자손 제사장들에게로 가져갈 것이요 제사장은 그 고운 가루 한 움큼과 기름과 그 모든 유향을 가져다가 기념물로 제단 위에서 불사를지니 이는 화제라 여호와께 향기로운 냄새니라"
>
> _레위기 2장 1-2절

일반적으로 성경 일독을 계획하는 성도들에게 소위 넘기 힘든 장애물과도 같은 본문들이 있습니다. 아마도 그중에서 제일 먼저 만나는 장애물이 바로 레위기일 것입니다. 레위기는 시작부터 이스라엘의 대표적인 다섯 가지 제사들(번제, 소제, 화목제, 속죄제 및 속건제)을 소개하며, 각각 제사의 구체적인 방법과 의식절차를 상세히 나열합니다. 이런 복잡한 의식절차를 처음부터 접하는 독자들은 레위기의 의미를 제대로 음미하는 여유를 갖지 못합니다. 그러나 조금 더 천천히 시간을 갖고 레위기에 나타난 하나님의 목적과 의도를 파악하게 되면, 레위기는 매우 심오하고도 감동적인 은혜의 말씀으로 다가옵니다.

레위기가 다섯 가지 제사를 다룰 때 흥미로운 점이 한 가지 있는데, 그것은 소제에 관한 것입니다. 히브리어로 '민하'로 표현되는 소제는 오직 곡물만을 제물로 바치기 때문에 짐승을 제물로 바치는 다른 제사들과는 확연히 구별됩니다. 그럼에도 불구하고 레위기를 읽는 성도들은 짐승 제물을 다루는 제사에만 집중한 나머지 곡물로 드리는 소제의 의미에 관해서는 간과하는 우를 범하기도 합니다. 실제로 구약에서는 소제가 자주 등장하는 데도 성도들은 소제에 관심을 기울이지 않는 경향이 있습니다. 아마도 피의 제사에 익숙한 나머지 곡물로 드리는 소제는 그만큼 가치 있는 것으로 생각하지 못하는 것 같습니다. 그러나 곡물로 드리는 소제는 짐승으로 드리는 다른 어느 제사들만큼이나 중요하고 그 의미 또한 남다릅니다. 실로 소제의 목적과 기능을 알지 못하면, 구약의 제사에 담긴 의미를 온전하게 이해할 수 없다고 해도 과언이 아닙니다. 그렇다면 구약의 제사 가운데 소제의 독특한 기능과 의미는 무엇일까요? 또한 소제는 현대의 그리스도인들에게 어떤 함의를 가질까요? 이런 질문들의 해답의 열쇠는 레위기 2장의 문맥에 있습니다.

문맥으로 관찰하기

레위기 2장의 문맥은 시작부터 다른 제사와 구별되는 소제만의 독특한 특징들을 소개합니다. 그중 두 가지를 살펴보자면, 첫째로 소제는 다른 제사와는 달리 소제의 제물을 기념물로 소개합니다.

> "누구든지 소제의 예물을 여호와께 드리려거든 고운 가루로 예물을 삼아 그 위에 기름을 붓고 또 그 위에 유향을 놓아 아론의 자손 제사장들에게로 가져갈 것이요 제사장은 그 고운 가루 한 움큼과 기름과 그 모든 유향을 가져다가 기념물로 제단 위에서 불사를지니 이는 화제라 여호와께 향기로운 냄새니라"(레2:1-2)

여기서 '기념물'로 번역된 히브리어 '아즈카라'는 '기억하다'라는 뜻의 히브리어 동사 '자카르'와 연관이 있습니다. 즉 소제의 제물은 제사 드리는 자로 하여금 중요한 사실을 기억하도록 만든다는 것입니다. 그렇다면 소제의 제물은 무엇을 기억하도록 만드는 것일까요? 그것은 이스라엘의 진정한 주인이 누구인지를 항상 기억하도록 만드는 것입니다.

한편, 소제를 뜻하는 히브리어 '민하'는 주인께 바치는 '조공' 혹은 '선물'을 의미합니다. 고대 근동에서 거대한 제국을 지배하는 대왕은 그의 통치 아래에 있는 신하들로부터 조공을 받았습니다. 그런데 당시 이 조공은 단순한 선물이 아니라 주종관계를 보여주는 성격을 가지고 있었습니다. 즉 조공을 바치는 자는 조공을 받는 자에게 충성과 헌신을 다짐할 뿐 아니라, 그를 자신의 주인으로 인정하고 고백했던 것입니다. 예를 들면, 열왕기상 4장 21절은 식민지 국가들로부터 조공을 받던 솔로몬의 통치 시대에 관해 잘 소개합니다.

> "솔로몬이 그 강에서부터 블레셋 사람의 땅에 이르기까지와 애굽 지경에 미치기까지의 모든 나라를 다스리므로 솔로몬이 사는 동안에 그 나라들이 조공을 바쳐 섬겼더라"(왕상4:21)

이렇듯 조공을 바치는 행위는 조공을 받는 자의 주인 됨(Lordship)을 인정하고 그 주인을 향한 전적인 헌신과 충성을 표시하는 것이었습니다. 따라서 이스라엘이 소제를 통해 하나님께 '조공'을 바치는 의식 또한 하나님을 그들의 주인으로 고백하며 그분을 향한 온전한 섬김과 헌신을 다짐하는 행위였던 것입니다.

소제가 다른 제사들과 구별되는 두 번째 특징은 소제의 제물에는 다른 제사와는 달리 반드시 소금이 추가되었다는 점입니다. 소금은 여러 가지 특징이 있지만, 가장 중요한 특징은 부패를 방지하고 현 상태를 계속 유지시켜 주는 것입니다. 그래서 레위기 본문은 이 소금을 '언약의 소금'이라고 규정합니다(레2:13). 또한 소제의 제물에 소금을 넣는다는 것은 하나님과 맺은 언약에 대한 성실성을 강조하는 것입니다. 따라서 이스라엘은 소제로 제사를 드릴 때, 소제에 소금을 넣음으로써 그들이 하나님과 언약 관계에 있음을 늘 기억함은 물론, 나아가 그 언약을 끝까지 저버리지 않고 지킴으로써 언약 백성으로서의 역할과 의무를 다해야 함을 계속해서 상기했을 것입니다.

소제가 지닌 이상의 두 가지 특징으로 볼 때, 레위기 2장의 전체 문맥에서 소제를 통해 전달하고자 하는 신학적 의미는 분명합니다. 즉 소제는 그리스도인들에게 누가 진정한 주인인지를 상기시키는 한편, 소유권에 대한 인식을 전환할 것을 촉구하는 것이라 말할 수 있습니다. 인류의 타락 전과 타락 후의 상태에서 나타나는 가장 큰 차이는 바로 소유권에 대한 인식의 변질입니다. 즉 타락 전 인류는 창조질서 속에서 오직 하나님만을 주인으로 섬기며, 그분만을 소유의 주체로 인식하였지만, 타락 후에는 하나님이 아닌 자기 자신을 소유의 주체로 변질시키고 말았습니다.

이스라엘은 오직 여호와만을 주인으로 섬기는 거룩한 백성으로 부름을 받았습니다(출19:6). 이는 이방인들과 구별되는 그들의 정체성이었습니다. 거룩한 백성으로서 이스라엘은 이방인과 달리 소유의 주체가 더 이상 자기 자신이 아니라 하나님이심을 고백하는 삶을 살아야 했습니다. 사실 이방인들의 우상숭배는 궁극적으로 소출을 더 소유하고픈 그들의 욕망의 결과물이었습니다. 이에 반해 이스라엘은 첫 소출을 하나님께 바침으로써 그분만이 주인이심을 인정하였습니다.

소제의 의식에서 첫 이삭을 바치는 행위는 하나님의 주인 되심을 강조하는 것입니다. "너는 첫 이삭의 소제를 여호와께 드리거든 첫 이 삭을 볶아 찧은 것으로 네 소제를 삼되"(레2:14). 소제를 드릴 때, 이스라 엘이 첫 추수의 곡식을 제물로 드렸던 것에는 출애굽의 구원과 가나안 땅의 안식을 기억하는 감사의 고백적 의미가 담겨 있었습니다. 즉 이 스라엘은 추수의 첫 열매를 소제의 제물로 바침으로써, 그 열매를 거 둘 수 있게 된 땅이 하나님께로부터 온 것임을 늘 기억하고자 했던 것 입니다. 나아가 하나님의 땅에서 얻게 된 열매이므로 이 열매의 주인 또한 하나님이셔야 했습니다. 신명기 26장 9-10절은 이 점을 분명하 게 밝힙니다.

> "여호와께서 강한 손과 편 팔과 큰 위엄과 이적과 기사로 우리를
> 애굽에서 인도하여 내시고 이곳으로 인도하사 이 땅 곧 젖과 꿀이
> 흐르는 땅을 주셨나이다 여호와여 이제 내가 주께서 내게 주신 토
> 지소산의 맏물을 가져왔나이다 하고 너는 그것을 네 하나님 여호
> 와 앞에 두고 네 하나님 여호와 앞에 경배할 것이며"(신26:8-10)

정리하자면, 이스라엘이 소제를 드리는 목적은 더 많은 소출을 얻 기 위해서가 아니라 그들의 주인이 누구인지를 분명하게 고백하기 위 해서였습니다. 그리하여 그들이 지금 누리고 있는 혜택들이 모두 그들 의 주인에게 받은 것임을 기억하는 동시에 그분의 은혜에 감사로 반 응하기 위해서였습니다. 그러므로 소제는 오직 하나님만을 주인으로

인정하는 이스라엘의 신앙고백적 의미가 담긴 제사였다고 할 수 있습니다.

문맥에 뿌리내린 적용

오늘날 그리스도인들은 예수 그리스도를 '주님'이라고 부릅니다. 그런데 예수 그리스도를 '주님'으로 믿는다는 것은 무엇을 의미할까요? 그것은 궁극적으로 소유권에 대한 인식의 전환을 의미합니다. 죄와 사망에게 종노릇할 때 인류는 스스로를 주인으로 여기며 소유욕의 노예가 됩니다. 그러나 예수 그리스도의 구속의 은혜로 죄와 사망에서 벗어날 때, 우리는 비로소 하나님만이 참 주인이심을 깨닫게 되며, 자신의 삶의 전 영역에서 그분을 주인으로 인정하게 됩니다.

오늘 우리 교회에서 일어나는 숱한 문제들은 근본적으로 소유권에 대한 인식의 부재에서 비롯되는 것이라고 할 수 있습니다. 왜 교회들이 비민주적 절차를 강행하면서 불법적 세습이나 불투명한 재정을 감행하는 것일까요? 그것은 교회의 주인이 누구인지를 망각한 결과입니다. 옛 이스라엘이 소제를 드리면서 항상 여호와의 주인 되심을 기억했듯이, 현대의 그리스도인들도 함께 모여 예배할 때마다 하나님만이 우리의 주인 되심을 기억하며, 삶의 전 영역에서 그분의 소유권을 인정해야 할 것입니다. 이것이야말로 우리가 귀담아듣고 적용해야 할 소제의 참된 의미입니다.

　이런 점에서 레위기의 제사를 접하는 성도들은 짐승의 피를 중요시하는 제사뿐만 아니라 곡식으로 드리는 소제의 의미와 그 중요성도 함께 강조해야 합니다. 그럼으로써 소제의 메시지를 통해 예수 그리스도의 주인 되심을 선포하며 그리스도인의 삶의 모든 영역에서 하나님의 주권과 통치가 나타나기를 기도해야 합니다.

7장
나답과 아비후는 왜 급사했는가?

> "아론의 아들 나답과 아비후가 각기 향로를 가져다가 여호와께서
> 명령하시지 아니하신 다른 불을 담아 여호와 앞에 분향하였더니
> 불이 여호와 앞에서 나와 그들을 삼키매 그들이 여호와 앞에서 죽
> 은지라"
>
> _레위기 10장 1-2절

성경을 지나치게 자기 멋대로 설교하는 목회자들이 잘못 사용하는 본문들 가운데 하나가 바로 나답과 아비후의 죽음을 다루는 레위기 10장 1-2절입니다. 심지어 어떤 몰상식한 목회자는 이 본문을 들어 예배를 제대로 드리지 못하면 하나님의 심판을 당할 수 있다는 협박성 메시지를 전하기도 합니다. 물론 나답과 아비후의 죽음이 예배와 관련이 있는 것은 맞지만 이 본문을 이런 식으로 억지로 적용해서 성도들

을 겁박하는 것은 매우 유감스런 일입니다. 이러한 잘못을 경계하고 교정하기 위해서라도 레위기 10장 1-2절에 등장하는 나답과 아비후의 죽음의 의미를 레위기 1-10장의 문맥에서 정확하게 해석해야 합니다.

그런데 레위기 10장에서 나답과 아비후의 급작스런 죽음의 이유를 찾는 것은 쉬운 일이 아닙니다. 이런 본문의 모호성이 독자들의 본문 이해를 더 어렵게 만들기도 합니다. 본문에 등장하는 나답과 아비후는 대제사장 아론의 아들로서 제사장으로서의 직무를 수행하는 자들이었습니다. 그런데 대제사장 아론이 처음으로 제사를 집행하는 날, 그들은 하나님의 진노를 받아 죽음을 맞게 됩니다. 이러한 급사는 매우 이례적인 일입니다. 왜냐하면 보통 하나님께서 심판하실 때에는 미리 경고의 메시지를 보내시기 때문입니다. 그런데 나답과 아비후의 경우에는 이런 경고의 메시지가 전혀 나타나지 않았습니다.

그러면 하나님께서는 왜 경고도 없이 나답과 아비후를 즉각적으로 심판하셨을까요? 그것은 아마도 나답과 아비후가 행한 잘못의 심각성과 깊은 관련이 있을 것입니다. 그러면 대체 나답과 아비후가 행한 잘못이 무엇이기에 하나님께서는 그들의 목숨을 즉각적으로 취하신 것일까요? 나답과 아비후의 죽음의 이유는 레위기 1-10장의 문맥을 충분히 숙독하고 관찰할 때 비로소 드러나게 됩니다. 따라서 먼저 문맥을 통해 드러나는 나답과 아비후의 잘못을 파악한 후, 그들을 향한 하나님의 즉각적인 심판의 이유를 살필 필요가 있습니다.

문맥으로 관찰하기

나답과 아비후가 하나님의 진노를 사게 된 원인은 레위기 10장 1절에 암시되어 있습니다.

> "아론의 아들 나답과 아비후가 각기 향로를 가져다가 여호와께서 명령하시지 아니하신 다른 불을 담아 여호와 앞에 분향하였더니"

나답과 아비후는 "여호와께서 명령하시지 아니하신 다른 불"을 사용함으로써 죽음을 맞이하게 됩니다. 그렇다면 "여호와께서 명령하시지 아니하신 다른 불"은 어떤 불을 가리킬까요? 어떤 이들은 나답과 아비후가 사용한 불이 이방인들의 우상숭배에 사용된 불이었다고 주장합니다. 만약 나답과 아비후의 행위가 우상숭배의 한 과정이었다면, 그들의 죽음은 우상숭배에 대한 하나님의 준엄한 심판으로 이해될 수 있습니다. 그러나 본문은 '다른 불'이라고만 언급할 뿐, 이 다른 불의 출처를 전혀 밝히지 않습니다. 그러므로 나답과 아비후가 사용한 불을 우상숭배의 행위로 단정 짓는 것은 무리가 따릅니다.

그보다 이 불의 정체를 파악하기 위해서는 레위기 10장 1절의 이전 문맥을 살펴보아야 합니다. 먼저 레위기 10장의 선행 본문인 레위기 9장에서 여호와의 불이 등장하는 데 주목할 필요가 있습니다. 레위기 9장 24절은 다음과 같이 여호와의 불을 소개합니다. "불이 여호와 앞에서 나와 제단 위의 번제물과 기름을 사른지라 온 백성이 이를 보고 소리 지르며 엎드렸더라". 레위기 9장 24절에서 여호와로부터 임한 불이 번제물을 태운 것을 생각할 때, 제사장들은 여호와로부터 임한 그 불을 통해 성막의 번제단에서 불을 피우고 분향했을 가능성이 큽니다. 그렇다면 레위기 10장 1절에서 나답과 아비후가 분향을 위해 사용한 불은 레위기 9장 24절에서 소개되는 불과 다른 것이었다고 짐작할 수 있습니다. 다시 말해, 나답과 아비후가 사용한 '다른 불'은 제사를 위해 규정된 불이 아니라 '인가받지 않은 불'을 의미합니다. 제사장들이 제사를 위해 사용할 수 있는 불은 이미 정해져 있었는데, 나답과 아비후는 이런 규정을 완전히 무시하고 말았던 것입니다.

레위기 10장의 전후 문맥은 나답과 아비후에게 즉각적으로 심판이 임한 이유를 확연히 보여줍니다. 먼저 레위기 1-7장은 대표적인 다섯 제사들의 특징과 구체적인 규정들을 상세히 제공합니다. 그 다음 레위기 8-9장은 아론과 그의 아들들의 대제사장직 위임을 집중적으로 다룹니다. 이는 이스라엘 공동체에서 제사의 중요성 및 그 제사를 집행하는 대제사장의 임무와 역할을 강조하는 것입니다. 특히 레위기 1-7장에서 강조되는 제사의 독보적인 기능과 중요성을 감안할 때, 레위기 8-9장에서 부각되는 제사장의 위치는 일반 백성들과는 구별될 수밖에 없습니다. 제사장이 입는 의복의 종류들과 특별한 제조과정은 제사장이 평민들과 얼마나 구별되고 있는지를 잘 보여줍니다. 레위기 1-7장은 이스라엘의 죄와 부정함이 제사라는 의식을 통해 해결된다고 강조하지만, 궁극적으로 이와 같은 제사의 의식은 레위기 8-9장이 소개하는 제사장의 역할을 통해 이루어집니다. 그러므로 레위기 8-9장은 성막의 제사를 전적으로 책임지는 제사장의 행동 하나 하나가 결코 가벼이 취급될 수 없었음을, 따라서 그들이 여호와의 규정을 깨뜨리고 계명을 가벼이 여기는 일은 결코 용납될 수 없었음을 암시합니다. 만약 그와 같은 불법적 행위가 발생한다면, 성막의 제사 기능이 올바로 작동될 수 없음은 물론, 결국 심각한 언약적 단절의 위기를 초래하게 될 것입니다.

이와 같은 본문의 문맥에서 볼 때, 위임식 이후 첫 제사 의식에서 발생한 나답과 아비후의 불법 행위들은 처음 수행되는 제사장직이 시작부터 심각한 위기를 맞게 되었음을 의미합니다. 따라서 만일 하나님께서 제사의 규정을 따르지 않은 나답과 아비후를 즉각적으로 심판하지 않으셨다면, 아론의 자식들은 시작부터 제사장으로서의 책임과 의무를 올바르게 깨닫지 못했을 것입니다. 물론 오늘날 이 본문을 읽는 성도들의 눈에는 이와 같은 하나님의 즉각적인 심판이 너무 가혹하게 비춰질 수도 있을 것입니다. 그러나 레위기 1-9장의 문맥에서 강조되는 제사의 의미와 제사장직의 중요성을 감안할 때, 첫 제사에서 발생한 나답과 아비후의 불법적 행위는 시작부터 제사장직의 역할을 단숨에 무너뜨리는 위기를 초래할 수 있었다는 점에서, 그들을 향한 하나님의 즉각적인 심판은 충분히 납득될 수 있습니다.

신약에서도 이런 갑작스런 죽음이 등장합니다. 사도행전 5장에 등장하는 아나니아와 삽비라 부부의 이야기입니다. 당시 그들은 자신의 소유의 일부를 숨기고는 전부를 판 것처럼 속이면서 그들의 재산을 바쳤습니다. 베드로는 이런 속임수가 이제 막 시작된 신앙 공동체의 거룩성과 정체성을 무너뜨릴 수 있다고 판단하였고, 하나님께서는 이런 위기의 순간에 즉각적으로 간섭하셔서 그들의 목숨을 거두어가셨습니다. 물론 나답과 아비후의 죽음과 아나니아와 삽비라의 죽음을 동일한 관점으로 적용하는 것은 적절치 않습니다. 왜냐하면 나답과 아비후의 죽음은 제사장의 직무와 관련이 있는 반면, 아나니아와 삽비라의 죽음은 하나님께 바친 헌물의 정직성과 연관이 있기 때문입니다. 따라서 서로 다른 배경과 이유에서 발생한 이 두 부류의 죽음을 일방적으로 동일하게 적용하는 일은 삼가야 합니다. 하지만 그럼에도 나답과 아비후의 죽음과 아나니아와 삽비라의 죽음은 공동체의 존립과 질서를 파괴할 수 있는 심각한 위기의 순간에 개입하신 하나님의 심판의 한 방식이라는 점에서는 유사성이 있습니다.

문맥에 뿌리내린 적용

아론과 그의 자식들은 제사장으로 구별되어 이스라엘 민족 가운데서 가장 특별한 부류의 사람들로 존귀함을 받았습니다. 그러나 그만큼 제사장이라는 특별한 직위에는 더욱 막중한 책임이 수반되어야 했습니다. 만일 제사장들이 제사 집행을 위한 규정들을 올바로 지키지 못한다면, 그들의 직위는 박탈될 수밖에 없었을 것입니다. 따라서 아론이 첫 제사장 직무를 수행할 때 발생한 나답과 아비후의 사건은 앞으로 제사장직을 수행할 아론의 후손들에게 존귀한 직분일수록 그에 따르는 책임과 의무가 더욱 무겁다는 점을 일깨워주었을 것입니다. 이런 점에서 나답과 아비후의 심판에 관한 칼뱅의 입장을 소개하는 웬함의 진술은 매우 적절합니다.

> 만일 우리가 하나님의 예배가 얼마나 거룩한 일인지 반성한다면 형벌이 너무 가혹하다고 기분이 상할 일은 절대로 없을 것이다. 게다가 그들의 종교는 처음부터 엄격히 준수되는 것이 필수적이었다. 왜냐하면 하나님이 아론의 아들들을 처벌하지 않고 그냥 넘어가셨다면 그들은 이후에도 부주의하게 전체 율법을 등한시했을 것이기 때문이다. 이것이 이런 엄격한 처벌의 이유였고, 제사장은 모든 신성모독을 마음 졸이며 살펴야 했다.[14]

그리스도인들은 종종 직분의 권위만을 생각하고 정작 그에 따르는 책임은 망각할 때가 있습니다. 오늘날 한국 교회의 지도자들이 실패하는 이유가 여기에 있습니다. 즉 높은 자리를 차지하기 위해 갖은 노력을 기울이면서도 그 자리에 뒤따르는 책임은 소홀히 여기기 때문입니다. 권위는 마음껏 누리되 의무는 하찮게 여기는 자는 더 이상 하나님의 지도자가 아닙니다. 오히려 그리스도인들은 "무릇 많이 받은 자에게 많이 요구할 것"(눅12:48)이라는 주님의 말씀을 기억하면서, 많은 직분에 욕심내기보다는 어떤 직분이든지 그 직분에 수반되는 책임과 의무를 먼저 인식하며 자신에게 맡겨진 직분에 최선을 다하는 자들이 되어야 할 것입니다.

8장
구약의 음식법은
건강을 위한 지침서인가?

"나는 여호와 너희의 하나님이라 내가 거룩하니 너희도 몸을 구별하여 거룩하게 하고 땅에 기는 길짐승으로 말미암아 스스로 더럽히지 말라. 나는 너희의 하나님이 되려고 너희를 애굽 땅에서 인도하여 낸 여호와라 내가 거룩하니 너희도 거룩할지어다 이는 짐승과 새와 물에서 움직이는 모든 생물과 땅에 기는 모든 길짐승에 대한 규례니 부정하고 정한 것과 먹을 생물과 먹지 못할 생물을 분별한 것이니라"

_레위기 11장 44-47절

오래 전 필자는 한국 선교사들에게 구약을 강의하기 위해 잠시 미국을 방문한 적이 있었습니다. 그때 호텔에 머무르면서 그곳의 기독교 방송에서 어느 목사의 설교를 듣게 되었습니다. 그는 하나님께서 우리의 건강한 삶을 위해 레위기 11장의 음식법을 미리 준비하셨다고 주장하면서 베이컨 같은 돼지고기 가공 식품이 건강에 유익하지 않다는 점을 부각시켰습니다. 또한 이 설교를 듣는 성도들 역시 레위기 11장의 음식법을 자신들의 건강을 위해 주어진 하나님의 말씀으로 적극적으로 받아들였습니다. 아직도 그 목사의 설교와 설교집이 많은 성도들에게 읽힌다고 하니 마음이 답답할 뿐입니다.

그런데 이런 식의 음식법에 관한 이해는 다른 곳에서도 자주 목격할 수 있었습니다. 몇 년 전 잘 아는 목사님 한 분이 수술을 받으셔서 병문안을 간 적이 있었습니다. 그런데 그 병원에서는 입원환자들에게 먹어서는 안 되는 음식들을 나열해 주었는데, 환자들마다 각기 다른 금지목록들을 알려주었습니다. 하지만 자신에게 금지된 음식목록들을 확인한 그 목사님은 자신이 먹어서는 안 되는 음식들이 대부분 레위기 11장에 등장하는 부정한 식물들과 관련이 있다고 판단하고 레위기 11장이 인간의 건강에 얼마나 중요한지를 다시금 깨닫게 되었다고 감탄하였습니다. 그런데 필자가 그 목록들을 자세히 확인해 보니 돼지고기와 오징어 같은 연체류를 조심하라는 지침만 있을 뿐이었습니다. 그 목사님은 돼지고기와 오징어가 레위기 11장에서 부정한 음식으로 규정되어 있기 때문에 자연스럽게 레위기 11장을 건강의 이슈와 연결시켰던 것 같습니다. 하지만 그 목사님의 적용이 틀렸다는 것은 금방 알 수 있었습니다. 왜냐하면 옆에 있던 환자의 금지목록에는 닭고기가 있었기 때문입니다. 만약 그 병원의 금지 음식목록이 레위기 11

장의 음식법과 관련이 있었다면, 마땅히 정한 음식에 해당하는 닭고기는 금지목록에서 제외되어야 했을 것입니다. 그러나 닭고기가 금지목록에 있다는 사실은 병원의 금지목록이 레위기 11장의 음식법과는 무관함을 알려줍니다.

이처럼 우리는 종종 성경 본문의 문맥에 따른 원래의 의도와 정신은 무시한 채 무조건 우리의 상황에 따라 주관적으로 본문을 해석하는 우를 범할 때가 많습니다. 실제로 필자는 구약의 음식법에 관한 레위기 11장의 문맥과 신학적 의미는 간과한 채 건강의 이슈만으로 이 본문을 적용하는 목회자들의 성경해석에 적지 않은 충격을 받았습니다. 구약의 음식법에 관한 이 같은 잘못된 이해는 한국 목회자들의 설교에서도 흔히 발견됩니다. 소위 설교의 전문가로 알려진 어떤 목사님도 레위기 11장의 음식법을 다룰 때 정한 짐승의 특징을 거룩한 백성의 표지와 연결시키는 것을 들은 적이 있습니다. 당시 그 목사님은 자신의 입장이 알레고리적 해석이 될 수 있지만, 본문의 풍성한 적용을 위해서는 어쩔 수 없다고 항변하였습니다.

일반 성도들이나 목회자들은 그렇다 하더라도 신학자들 가운데에서도 레위기 11장의 음식법을 엄격히 준수해야 한다는 주장이 제기될 때에는 상황이 심각함을 짐작할 수 있습니다. 그러면 과연 레위기 11장의 음식법을 오늘날에 문자적으로 적용할 수 있는 것일까요? 또는 이 본문을 소위 알레고리적 해석으로 접근하여 영적으로 적용하는 것이 정당한 것일까요? 한국 교회에 널리 퍼져있는 레위기 11장의 음식법에 관한 이러한 두 가지 잘못된 해석의 문제점을 간단히 살펴보고, 이 음식법의 전후 문맥을 통해 이 규례가 강조하는 올바른 신학적 의미가 무엇인지 살펴보겠습니다.

문맥으로 관찰하기

레위기 11장에 소개되는 부정한 짐승의 목록에는 현대인의 식재료로 자주 사용되는 것들이 눈에 띕니다. 예를 들면, 돼지고기와 낙지 같은 음식들인데, 이들은 오늘 우리의 식단에 빠지지 않는 식재료이지만, 레위기 11장의 음식법에서는 이런 식재료의 사용을 금지하고 있습니다. 그렇다면 하나님께서는 왜 이러한 음식들을 금지하셨을까요? 앞서 언급했듯이, 일부 신학자와 목회자들은 이런 금지목록이 우리의 건강과 밀접한 연관성이 있다고 해석합니다. 가령, 그들은 돼지의 몸에 기생충이 많이 서식하기 때문에 위생적으로 부적절하다고 주장합니다. 갯벌과 맞닿아 살아가는 낙지 같은 연체동물도 박테리아균에 노출되어 있기 때문에 위험하다고 봅니다. 그러나 현대의 발달된 위생처리 기술들은 이런 문제를 쉽게 해결할 수 있습니다. 돼지고기를 완전히 살균하여 기생충을 없앨 수도 있고, 연체동물의 박테리아균도 깨끗하게 살균할 수 있습니다. 그렇다면 돼지고기와 낙지를 먹는 것이 문제가 될까요? 더군다나 신약의 본문들도 구약에서 금지한 부정한 음식들을 허용하고 있습니다.

"혼인을 금하고 어떤 음식물은 먹지 말라고 할 터이나 음식물은
하나님이 지으신 바니 믿는 자들과 진리를 아는 자들이 감사함으
로 받을 것이니라"(딤전4:3)

만일 레위기 11장의 부정한 짐승들이 건강에 유해하기 때문에 금지
해야 한다면, 신약에서 이런 짐승들의 식용을 허락하는 것은 설명하기
가 어렵습니다.

목회자가 본문을 해석하고 적용할 때 쉽게 빠져드는 함정이 바로
알레고리적 해석입니다. 알레고리적 해석은 본문의 문맥을 무시한 채
주관적인 적용을 지나치게 강조하는 방식입니다. 예를 들면, 레위기 11
장의 음식법은 정한 짐승과 부정한 짐승을 구별하는 기준으로서 '되새
김질'의 유무를 강조합니다. 그런데 오늘날 많은 목회자들이 이 '되새
김질'을 '말씀 묵상'으로 적용합니다. 또한 되새김질을 하지 않는 돼지
는 주로 청결하지 못한 곳에서 자라기 때문에 정결한 하나님의 백성과
어울리지 않는 불결함을 상징한다고 봅니다. 그러나 레위기 11장의 음
식법에서는 동물의 '되새김질'뿐만 아니라 '굽의 갈라짐', 어류의 '비
늘과 지느러미', 조류의 '두 날개와 두 다리'의 유무에 따라 정한 짐승
과 부정한 짐승이 나누어집니다. 되새김질이 정한 백성의 특징인 '말
씀 묵상'을 가리킨다면, 나머지 기준들은 무엇을 상징하는 것일까요?

어떤 목회자는 물고기의 지느러미가 하늘을 향하고 있음에 착안하여 하나님만을 향하는 이스라엘의 영적 상태를 의미한다고 주장하기도 합니다. 그러나 이러한 시도들은 본문의 문맥을 전혀 고려하지 않고 해석자의 주관적인 입장에 따라 마음대로 적용될 수 있는 자의적 해석의 위험성을 그대로 드러낼 뿐입니다.

그보다 음식법을 소개하는 레위기 11장의 문맥을 자세히 들여다보면, 음식법의 목적이 무엇인지 알 수 있습니다. 특히 레위기 11장의 마지막 부분에 해당하는 44-47절은 음식법의 신학적 의도와 목적을 분명하게 제시합니다.

> "나는 여호와 너희의 하나님이라 내가 거룩하니 너희도 몸을 구별하여 거룩하게 하고 땅에 기는 길짐승으로 말미암아 스스로 더럽히지 말라 나는 너희의 하나님이 되려고 너희를 애굽 땅에서 인도하여 낸 여호와라 내가 거룩하니 너희도 거룩할지어다"

하나님께서 이스라엘에게 음식법을 주신 것은 이스라엘의 구별됨을 위해서입니다. 한편 여기서 '구별'과 '거룩'이 병행을 이루고 있는 것은 이 두 단어가 동일한 의미를 공유하기 때문입니다. 따라서 거룩하신 하나님께서 이스라엘을 거룩한 백성으로 부르신 것은 이스라엘을 부정한 이방인과 구별하기 위함이라고 할 수 있습니다.[15] 다시 말하자면, 이스라엘의 식사행위는 그들이 누구인가를 나타내주는 신학적 의미를 함축하고 있는 것입니다. 크리스토퍼 라이트 (Christopher J. H. Wright)는 "언약 관계 안에서 거룩한 백성이 되라고 하나님의 부르심을 받은 백성으로서의 이스라엘과 (아직은) 그러한 위치에 있지 않았던 나머지 민족들 사이의 이 근본적인 구별은 정한 동물과 음식물, 부정한 동물과 음식물에 대한 법규들의 복합적인 전체 틀 가운데 상징적으로 반영되어야 했다."라고 말했습니다.[16] 앨런 로스(Allen Ross)도 말하기를, "음식규례는 부정한 동물은 이방민족과, 정결한 동물은 이스라엘과 연결시킴으로써 이스라엘을 다른 민족들과 구별하기 위해 계획된 것이다."[17]라고 했습니다. 이처럼 레위기 11장의 음식법의 문맥은 이 음식 규례가 건강의 문제가 아니라 이방인과 구별된 이스라엘의 정체성과 관련이 있음을 강조하는 것입니다.

문맥에 뿌리내린 적용

신약의 저자들은 구약에서 이스라엘과 이방인 사이에 놓여있었던 구분들이 그리스도 안에서 더 이상 존재할 수 없다고 천명합니다(엡2장). 또한 이스라엘과 이방인을 구분 지었던 표지들은 십자가를 통해 폐지되었으며, 예수 그리스도 안에서 이스라엘과 이방인이 하나가 되었다고 선포합니다. 이것이야말로 고넬료의 집을 방문하기 전에 환상을 통해 베드로가 얻은 깨달음이었습니다(행10:9-15).

그러므로 오늘날 음식법을 문자적으로 엄격하게 적용하는 것은 불가능합니다. 또한 본문의 문맥을 고려하지 않은 주관적인 알레고리적 해석도 적절하지 않습니다. 오히려 레위기 11장의 음식법은 이방인과 구별되어야 할 '거룩한 백성'으로서의 이스라엘의 정체성을 강조하는 것이기에, 이 시대의 불신자들의 삶의 방식과 구별되어야 할 그리스도인들의 정결한 삶의 방식의 중요성을 깨닫게 하는 것입니다. 그러므로 교회를 향해 레위기의 '거룩'을 강조하는 다음과 같은 베드로의 외침은 매우 적절하다고 하겠습니다.

"너희가 순종하는 자식처럼 전에 알지 못할 때에 따르던 너희 사욕을 본받지 말고 오직 너희를 부르신 거룩한 이처럼 너희도 모든 행실에 거룩한 자가 되라 기록되었으되 내가 거룩하니 너희도 거룩할지어다 하셨느니라"(벧전1:14-16)

실로 레위기의 음식법은 우리의 건강을 위해서가 아니라 하나님의 백성의 '거룩', 곧 구별됨을 위해 주신 것입니다. 따라서 레위기의 음식법을 묵상하는 오늘날 그리스도인들은 옛 이스라엘 백성들이 음식법을 통해 이방인들과 구별되었듯이 자신들의 삶의 방식이 불신자들의 삶의 방식과 구별되도록 자신의 정체성을 나타낼 수 있어야 합니다. 이와 같은 거룩에 대한 신약의 관점에 비추어 볼 때, 더 이상 구약시대의 음식법은 오늘날 우리들에게 문자적으로 적용되어서는 안 됩니다. 바울은 구약 음식법의 엄격한 준수가 더 이상 필요하지 않음을 다음과 같이 천명합니다.

"하나님께서 지으신 모든 것이 선하매 감사함으로 받으면 버릴 것이 없나니 하나님의 말씀과 기도로 거룩하여짐이라"(딤전4:4-5)

결론적으로, 구약의 음식법은 건강을 위한 것도 아니요 알레고리적 해석의 영적인 적용을 위한 지침서도 아닙니다. 오히려 구약의 음식법의 문맥은 불신자들과 구별되어야 할 그리스도인의 거룩한 삶의 방식으로서의 책임과 의무를 상기시킵니다. 이것이 레위기 음식법의 문맥이 강조하는 올바른 신학적 적용입니다.

9장

미리암의 나병 심판은
모세의 잘못을 지적했기 때문인가?

> "모세가 구스 여자를 취하였더니 그 구스 여자를 취하였으므로 미
> 리암과 아론이 모세를 비방하니라"
>
> _민수기 12장 1절

몇 년 전 어느 목사님으로부터 연락을 받았습니다. 그 목사님은 민수기 12장에서 미리암이 심판을 받은 원인이 무엇인지 알고 싶다고 하셨습니다. 그러면서 목회자의 잘못을 지적하는 성도들의 태도를 정죄하기 위한 증거본문으로 민수기 12장의 미리암 사건 이야기가 사용될 수 있다고 우려했습니다. 그도 그럴 것이 이 본문을 언뜻 읽으면, 미리암의 피부병 심판은 그녀가 모세의 잘못을 지적했기 때문인 것처럼 보일 수 있습니다. 즉 모세가 구스 여인과 결혼한 것을 문제 삼아 미리암이 모세에게 도전했다가 급기야 하나님의 심판을 받아 나병에 걸리고

말았다는 것입니다. 그래서 어떤 목회자들은 이 본문을 근거로 자신의 문제를 지적하는 성도를 향해 '주의 종'에게 도전하는 자는 하나님의 심판을 받는다고 겁박하기까지 합니다. 하나님께서 세우신 지도자가 설령 잘못했다고 하더라도 그것을 지적하며 공격하는 자는 하나님의 저주를 받게 된다고 경고하는 것입니다.

그러면 과연 민수기 12장에 나타나는 미리암의 나병 심판은 그녀가 모세의 잘못을 지적했기 때문일까요? 이를 위해서는 먼저 모세가 구스 여인을 취한 것이 하나님께 심각한 범죄가 되는지, 그리고 만약 이것이 범죄라면 왜 하나님께서는 모세를 징계하지 않으시고 도리어 미리암을 징계하시는 것인지에 관해 질문할 필요가 있습니다. 이런 질문들을 주의 깊게 살피지 않고 본문의 문맥을 무시한 채 피상적으로 본문을 읽게 될 경우, 미리암의 나병 심판의 이유를 왜곡할 가능성이 커지게 됩니다. 따라서 모세가 구스 여인과 결혼한 것이 어떤 성격의 결혼(중혼 혹은 재혼)이었는지, 그리고 이 결혼이 정당한 것이었는지를 먼저 확인한 뒤, 본문의 문맥에서 미리암이 행한 잘못이 무엇이었는지를 구체적으로 규명해보고자 합니다.

문맥으로 관찰하기

모세가 구스 여인과 결혼한 것에 관해 학자들은 여러 가지 견해를 제시하는데, 크게 세 가지로 요약할 수 있습니다. 첫째, 어떤 학자들은 모세가 결혼한 구스 여인을 십보라로 간주합니다. 그들은 '구스'라는 지명이 십보라의 출신지인 미디안을 의미하며(합3:7), 따라서 궁극적으로 미리암이 모세가 십보라와 결혼한 것 자체를 문제 삼는 것이라고 해석합니다. 그러나 미리암이 모세가 십보라와 결혼한 사실을 이제 와서 뒤늦게 문제제기한다는 것은 설득력이 없어 보입니다.

둘째, 일부 학자들은 십보라가 본문에 등장하지 않는다는 점에 주목하면서 모세가 십보라와 결별하고 구스 여인과 다시 결혼했을 것이라고 추측합니다. 이들은 아브라함 및 야곱과 같은 구약의 여러 족장들에게 나타나는 일부다처제가 모세에게서도 나타난 것이라고 봅니다. 그러나 출애굽한 후 시내산에서 거룩한 십계명과 율법의 가르침을 전달받은 모세가 일부일처를 강조하는 율법의 정신을 어기고 일부다처를 쉽사리 감행했을 가능성은 그리 많지 않습니다. 또한 십보라에 대한 언급이 없다고 해서 모세가 십보라와 결별했다고 결론짓는 것도 지나친 논리의 비약입니다. 요세푸스의 기록(*Antiquity of Jews*, Book 2, chapter 10)에 따르면, 모세는 젊은 시절 전쟁을 치르기 위해 에티오피아 지역으로 군사원정을 갔으며, 그때 이 여인을 만나서 결혼했으나 이 여인을 그곳에 두고 돌아왔다가 후일에 다시 이 여인을 아내로 맞아들였다고 합니다. 그렇다면 십보라는 모세의 둘째 부인이 되며, 이 경우역시 모세의 일부다처를 암시하기 때문에 쉽게 납득하기 어렵습니다.

셋째, 혹자는 모세가 십보라의 사망 후 구스 여인과 재혼했을 것이라고 추론합니다. 다시 말해 본문에서 십보라가 더 이상 언급되지 않는 것은 모세와 십보라의 이혼 혹은 결별보다는 십보라의 사망을 암시하는 것이며, 따라서 구스 여인과의 결혼은 매우 자연스러운 재혼의 과정으로 이해될 수 있다는 것입니다. 필자는 이 세 번째 입장이 가장 타당하다고 생각합니다.

모세가 십보라의 사망 후 구스 여인과 재혼을 했다면, 미리암이 모세를 향해 제기하는 문제의 핵심은 무엇이었을까요? 모세의 재혼 자체가 문제였을까요 아니면 재혼의 상대가 문제였을까요? 아마도 전부인과 사별한 후 재혼하는 것은 문제가 되지 않았을 것입니다. 그보다 미리암은 구스 여인을 재혼의 상대로 받아들인 모세의 선택을 문제삼았을 것입니다. 그렇다면 왜 재혼 상대로서 '구스' 출신이 문제가 되는 것일까요? 사실 구스 지역이 정확히 오늘날 어느 곳을 가리키는지는 불명확합니다. 다만 예레미야 13장 23절을 통해 '구스'라는 지역을 추측해볼 수 있을 뿐입니다.

"구스인이 그의 피부를, 표범이 그의 반점을 변하게 할 수 있느냐
할 수 있을진대 악에 익숙한 너희도 선을 행할 수 있으리라"

이 구절에 의하면, '구스'인들의 피부는 이스라엘 백성들의 피부와는 확연히 구별됩니다. 그래서 영어 성경은 '구스'를 '에티오피아(Ethiopian)'로 번역합니다. 어떤 학자들은 구스 사람을 피부색이 검은

누비아인(Nubians)으로 간주하기도 합니다. 여하튼 구스 사람은 이스라엘 백성보다 피부색이 다소 검은 사람이었던 것 같습니다. 그리고 아마도 이런 이유 때문에, 즉 이스라엘 백성과 피부색이 다른 이방 여인과 재혼했기 때문에 미리암은 모세에게 문제를 제기했을 가능성이 큽니다. 하지만 모세가 피부색이 다른(혹은 검은) 이방 여인과 재혼한 것이 과연 문제가 될까요? 아마도 이 구스 여인은 이스라엘이 출애굽할 때 이스라엘과 함께 애굽을 떠났던 수많은 이방인 무리들 가운데 한 사람이었을 것입니다.

> "이스라엘 자손이 라암셋을 떠나서 숙곳에 이르니 유아 외에 보행하는 장정이 육십만 가량이요 수많은 잡족과 양과 소와 심히 많은 가축이 그들과 함께 하였으며"(출12:37-38)

이 여인이 이스라엘을 따라 출애굽하여 모세가 믿는 여호와를 자신의 신으로 받아들였다면, 그녀가 비록 이방여인이었다 할지라도, 그녀는 이스라엘과 동등한 언약 공동체의 회원이 될 수 있었을 것입니다. 그리고 그녀가 믿음으로 언약 공동체의 회원이 되었다면, 모세의 재혼은 아무런 문제가 될 수 없습니다. 구약에서 이방 여인과의 결혼을 금지한 것은 이방신을 섬기는 여인과의 결혼을 금지한 것이지 이방 출신의 여인과 결혼을 하지 말라는 뜻이 아니었습니다. 예를 들면, 룻은 이방 여인임에도 불구하고 여호와를 믿는 신앙을 선택함으로써 이스라엘의 정식 회원으로 인정받았습니다(룻1:16). 따라서 피부색과 이방 출신을 문제 삼는 미리암의 편협하고 왜곡된 태도가 오히려 더 문제가 될 수 있었습니다. 나아가 이런 잘못된 시각에서 미리암은 모세를 비난함으로써 그의 권위를 흔들고자 했던 속내가 있었을 수 있습니다. 결국 이러한 그녀의 속내가 여호와 앞에서 노출되면서 하나님의 심판을 불러일으켰던 것입니다.

민수기 12장 2절에서 이러한 미리암과 아론의 문제의 본질이 드러납니다. 여기서 미리암과 아론은 하나님께서 모세와만 말씀하시고 자신들과는 말씀하지 않으심에 대해 불만을 토로합니다. 이런 점에서 모세의 결혼 문제는 피상적인 것이었고, 문제의 본질은 모세의 권위에 대한 질투에 있었다고 볼 수 있습니다. 그들의 질투가 결국 모세에 대한 도전과 비방으로 표출되었으며, 이런 도전을 위해 명분으로 삼은 것이 바로 모세와 구스 여인의 결혼이었던 것입니다. 그런데 놀랍게도 민수기 12장 3절에서는 구스 여인과 결혼한 모세에 관해 "온유함이 지면의 모든 사람보다 더하니라"고 강조합니다. 또한 하나님께서도 모세가 구스 여인과 결혼한 것을 빌미삼아 그에게 도전했던 미리암을 나병으로 심판하십니다. 이와 같은 민수기 12장의 문맥은 모세가 구스 여인과 결혼한 것이 결코 하나님께 문제가 되지 않음을 시사합니다. 만약 구스 여인과 결혼한 것이 문제가 되었다면, 민수기 12장 전체에 나타나는 모세에 대한 긍정적인 표현들은 납득이 불가능해집니다.

문맥에 뿌리내린 적용

이상으로 우리는 모세가 구스 여인과 결혼한 것에 대한 다양한 견해와 아울러 미리암의 문제의 본질이 무엇이었는지를 살펴보았습니다. 또한 구스 여인을 아내로 맞아들인 모세의 결혼이 잘못된 것이 아니었음을 확인하였습니다. 따라서 모세의 잘못을 미리암이 덮지 않고 공격했기 때문에 하나님께 심판을 받았다고 해석하는 것은 민수기 12장 1절을 둘러싼 문맥과 의도에서 벗어나는 해석입니다. 나아가 그런 해석에 근거해 본문을 인용하면서 지도자의 잘못에 대해 문제를 제기하는 태도를 정죄하는 것은 본문의 의미를 크게 왜곡하는 것입니다.

물론 지도자의 문제를 알게 되었을 때, 무조건 비난과 정죄만을 앞세우면서 비판하는 것은 바람직하지 않을 수 있습니다. 지도자의 문제는 성경적인 근거에 따라 교회의 질서대로 지혜롭게 처리되어야 하며, 부득이한 경우 적절한 처벌이 필요할 수도 있습니다. 다만 민수기 12장의 미리암 사건을 예로 들면서 지도자의 잘못을 무조건 덮어야 한다는 식의 논리를 펴는 것은 성경적인 근거를 상실합니다. 따라서 하나님의 말씀을 바르게 이해하고 적용해야 하는 성도들은 지도자의 잘못을 무조건 감싸거나 덮어주기 위해 민수기 12장의 미리암 사건을 오용해서는 안 됩니다. 오히려 민수기 12장은 모세의 재혼을 빌미로 모세의 권위에 도전하려 했던 미리암의 불신앙의 결과를 부각시킵니다. 그러므로 민수기 12장의 미리암의 심판 사건을 읽고 묵상하는 목회자들이나 성도들은 미리암의 나병 심판이 모세의 잘못을 지적했기 때문에 발생한 것이 아님을 기억하며, 이 사건을 빌미로 지도자의 문제를 무조건 덮어주자는 식의 억지 주장을 펴지 않도록 경계해야 할 것입니다.

10장
모든 가난은 불신앙의 결과인가?

"네가 만일 네 하나님 여호와의 말씀만 듣고 내가 오늘 네게 내리는 그 명령을 다 지켜 행하면 네 하나님 여호와께서 네게 기업으로 주신 땅에서 네가 반드시 복을 받으리니 너희 중에 가난한 자가 없으리라"

_신명기 15장 4-5절

인간은 누구나 부에 대한 욕구를 지닙니다. 이런 현상은 그리스도인들에게서도 예외가 아닙니다. 특히 한국 교회에서 물질에 대한 관심은 남다릅니다. 최근 선교단체 출신의 한 강사는 하나님의 방식으로 어떻게 물질을 관리해서 물질적 복을 누릴 수 있는지를 강연하면서 많은 이들로부터 호응을 받고 있습니다. 기독교방송들에서 흘러나오는 숱한 설교들에서도 하나님의 물질적 축복을 받을 수 있는 다양한 방식들을 집중적으로 조명하곤 합니다. 하지만 안타깝게도 물질의 의미와 목적, 그리고 그것의 올바른 사용에 대해서는 그 만큼 중요하게 가르치지 않는 것 같습니다.

그러나 성경은 우리에게 물질의 가치와 역할에 관한 균형 잡힌 지침들을 무엇보다 풍성하게 가르칩니다. 그런데도 물질적 복만을 강조하는 본문에만 집중하는 것은 우리가 성경에서조차 보고 싶은 것만 보려고 하기 때문인지도 모릅니다. 사실 성경적 물질관을 바르게 전하는 건강한 책들도 많습니다. 하지만 그런 내용의 책들은 많은 목회자들이나 성도들에게 그다지 주목받거나 환영받지 못하고 있다는 것이 안타까운 우리의 현실입니다.

우리는 기복신앙의 폐해들이 한국 교회의 영적 성장을 방해하는 장애물로 작용해왔다는 것을 잘 알고 있습니다. 심지어 이런 잘못된 가르침은 다양한 물질만능주의의 가면을 쓴 채 스스로를 복음으로 위장하기까지 합니다. 그런 가르침에 따르면, 가난은 불신앙의 결과입니다. 반대로 하나님을 신뢰하는 자에게는 모든 가난이 물러가고 물질의 복이 주어집니다. 이렇게 가르치는 설교자들의 오염된 메시지 때문에 한국 교회가 성경 말씀에 입각해 영적으로 성장하는 데 큰 걸림이 되고 있습니다. 그들은 자신들의 주장을 뒷받침하기 위해 몇몇 성경구절들을 인용하는데, 그 대표적인 본문이 바로 신명기 15장 4-5절입니다. 그러나 과연 이 구절이 모든 가난은 불신앙의 결과요 믿음을 가진 자들은 물질적 복을 누린다는 것을 지지하는 본문이 될 수 있을까요? 무엇보다도 이 구절의 전후 맥락을 통해 그 의미를 정확하게 파악하는 것이 필요합니다.

문맥으로 관찰하기

구약의 저자들은 때때로 물질적 풍부함이나 결핍과 관련하여 모순되는 말씀들을 제시하는 것처럼 보입니다. 예를 들면, 신명기 15장 4-5절에서 모세는 이스라엘 백성이 하나님의 말씀에 순종하면 아무도 가난하지 않고 모두 물질적인 복을 누리게 될 것이라고 약속합니다. 그러나 곧이어 모세는 이스라엘에 '가난한 형제'가 있다는 사실을 지적하는 한편(신15:7), '땅에서는 가난한 자가 그치지 않을' 것이라고까지 강조합니다(신15:11).

"네 하나님 여호와께서 네게 주신 땅 어느 성읍에서든지 가난한 형제가 너와 함께 거주하거든 그 가난한 형제에게 네 마음을 완악하게 하지 말며 네 손을 움켜쥐지 말고"(신15:7)

"땅에는 언제든지 가난한 자가 그치지 아니하겠으므로 내가 네게 명령하여 이르노니 너는 반드시 네 땅 안에 네 형제 중 곤란한 자와 궁핍한 자에게 네 손을 펼지니라"(신15:11)

이러한 두 말씀, 곧 이스라엘 백성이 복을 받아 가난한 자가 없을 것이라는 신명기 15장 4-5절의 말씀과 가난한 자가 그치지 않을 것이라는 신명기 15장 7, 11절의 말씀은 상호모순처럼 보이지 않습니까? 이 두 말씀의 상호충돌을 어떻게 이해할 수 있을까요?

이 두 말씀에서 모순처럼 보이는 주장들은 전후 근접 문맥을 고려하면 금방 해결될 수 있습니다. 신명기 15장 7-8절은 이스라엘 백성의 물질적 복이 나눔을 통해 가난한 자에게 전달됨으로써 그들 가운데 가난한 자가 없게 될 것이라고 약속합니다. 이와 관련해 혹자는 불순종 때문에 가난한 자들이 생겨날 수 있다고 주장할 수 있겠지만, 모든 가난이 불순종의 결과라고 치부할 수는 없습니다.

어떤 사회에서나 그렇듯이 이스라엘 사회에서도 남편이나 아버지의 갑작스런 죽음으로 고아나 과부와 같은 약자 계층이 생겨날 수밖에 없었습니다. 그럼에도 불구하고 이스라엘 사회는 그들 가운데 가난한 자가 없는 복을 누릴 수 있었습니다. 이것이 어떻게 가능할까요? 신명기 15장 7-10절은 오직 베풀고 나누는 삶을 통해 참다운 공동체의 물질적 복을 모든 구성원들이 향유할 수 있게 된다고 강조합니다.

"네 하나님 여호와께서 네게 주신 땅 어느 성읍에서든지 가난한 형제가 너와 함께 거주하거든 그 가난한 형제에게 네 마음을 완악하게 하지 말며 네 손을 움켜쥐지 말고 반드시 네 손을 그에게 펴서 그에게 필요한 대로 쓸 것을 넉넉히 꾸어주라 삼가 너는 마음에

악한 생각을 품지 말라 곧 이르기를 일곱째 해 면제년이 가까이 왔다 하고 네 궁핍한 형제를 악한 눈으로 바라보며 아무것도 주지 아니하면 그가 너를 여호와께 호소하리니 그것이 네게 죄가 되리라 너는 반드시 그에게 줄 것이요 줄 때에는 아끼는 마음을 품지 말 것이니라 이로 말미암아 네 하나님 여호와께서 네가 하는 모든 일과 네 손이 닿는 모든 일에 네게 복을 주시리라"

이스라엘이 가난한 자를 긍휼이 여기며 그들에게 필요한 것을 제공해주는 나눔의 삶을 실천할 때, 하나님께서는 그들의 손길 위에 더욱 풍성한 복으로 채워주시겠다고 약속하십니다. 그러므로 위의 본문은 하나님을 물질의 주인으로 믿고 섬기는 언약의 백성들은 가난한 이웃을 향해 물질적인 베풂과 나눔을 실천함으로써 그들에게 주어진 청지기적 의무와 책임을 감당해야 한다는 것을 상기시키는 말씀입니다. 사실 하나님께서 우리에게 물질을 허락하실 때, 누구에게는 넉넉하게 주실 수도 있고, 또 누구에게는 부족하게 주실 수도 있습니다. 다시 말해, 하나님께서는 부자와 빈자를 모두 허용하신다는 것입니다. 그러므로 가난을 무조건 불신앙의 결과로 정죄해서는 안 됩니다.

그렇다면 부자와 빈자가 공존하는 세상에서 하나님의 백성이 지닌 중요한 의무 중 하나는 무엇일까요? 그것은 바로 '나눔'입니다. 이 나눔의 목적에 관해서 칼뱅은 '은혜를 기억하기' 위함이라고 고백합니다.[18] 실로 모든 물질이 하나님께로부터 온다는 사실을 고백하는 자,

곧 물질의 소유권을 하나님께 돌리는 자에게는 물질 그 자체가 전적으로 하나님의 은혜의 결과물입니다. 그래서 칼뱅은 하나님께서 그리스도인들로 하여금 물질의 은혜를 기억하도록 하시기 위해 주변에 가난한 자를 허용하신다고 말했습니다. 그렇습니다. 우리 주변의 가난한 이웃들은 하나님께서 우리에게 베푸신 물질적 은혜를 기억하게 하는 한편, 마땅히 그 은혜를 그들과 나누어야 한다는 것을 상기시켜 줍니다. 따라서 하나님께로부터 온 물질의 은혜를 기억하고 그 은혜를 다른 이들과 나누는 것이야말로 그리스도인의 의무이자 책임이라 하겠습니다.

문맥에 뿌리내린 적용

이스라엘 백성들 가운데 가난한 자들이 언제나 존재했다는 신명기 15장 7-10절의 말씀은 매우 의미심장합니다. 가난의 원인에는 여러가지가 있습니다. 개인의 게으름(잠10:4)이나 방종(잠21:17)으로 가난해질 수도 있고, 어쩔 수 없는 환경적 요인에 의해 가난해질 수도 있습니다. 필자 역시 고등학교 2학년 때 부친을 일찍 여의게 되어 물질적인 어려움을 겪은 바 있습니다. 이처럼 우리 주변에는 설명하기 어려운 숱한 문제들 때문에 가난을 경험하는 사람들이 많습니다. 그러므로 가난 그 자체를 무조건 불신앙의 결과로 치부하는 일은 성경의 가르침이 아닙니다. 그런데도 우리는 종종 이런 극단적인 자세로 가난한 자를 성급하게 정죄하는 몰지각한 태도를 접하게 됩니다. 더욱 안타까운 것은 물질의 결핍을 겪지 않을 것이라고 약속하는 신명기 15장 4-5절을 사용해 가난한 자들을 향해 믿음이 없다고 꾸짖거나 정죄함으로써 그들에게 더 큰 마음의 상처를 입히는 일입니다. 다시 말하지만, 신명기 15장 4-5절은 가난을 정죄하는 본문이 아닙니다. 오히려 이 본문의 전후 문맥은 가난이 물질의 베풂을 통해 극복될 수 있음을 일깨워줍니다.

그러므로 신명기 15장 4-5절을 묵상하고 적용하려는 성도들은 이 본문을 사용해 가난의 문제를 무조건 불신앙과 연결시키지 말아야 합니다. 오히려 본문의 문맥이 의도하는 바, 곧 물질의 나눔이 가난의 문제를 해결하는 중요한 열쇠가 될 수 있음을 잊지 말아야 합니다.

11장
라합의 붉은 줄인가 그녀의 신앙고백인가?

"우리가 이 땅에 들어올 때에 우리를 달아 내린 창문에 이 붉은 줄을 매고 네 부모와 형제와 네 아버지의 가족을 다 네 집으로 모으라"

_여호수아 2장 18절

평소 존경하는 목사님이 있었습니다. 그분의 메시지는 많은 분들에게 감동을 주었고, 그분의 성경해석은 본문의 의도에 입각한 균형 잡힌 시각을 견지하였습니다. 그러나 우연히 여호수아 2장 18절에 등장하는 라합의 붉은 줄에 관한 그분의 설교를 들었을 때, 필자는 다소 의문을 갖게 되었습니다. 왜냐하면 라합의 붉은 줄이 예수 그리스도의 보혈을 가리킨다고 확신 있게 메시지를 전했기 때문입니다. 비록 그분의 신학적 입장과 주해적 방식이 대체로 본문 중심의 견실한 해석에 기초하고 있었지만, 여호수아 2장에 등장하는 라합의 붉은 줄에 대한 해석만큼은 본문의 의도를 충분히 살리고 있는 것인지 의구심이 들었습니다.

그런데 그 목사님의 이런 성경해석의 문제가 단순히 몇몇 목회자들에게만 나타나는 현상일까요? 필자의 판단으로는 지금도 상당수의 목회자들이나 성도들이 여호수아 2장을 설교하거나 묵상할 때 라합의 붉은 줄을 예수 그리스도의 피와 연결시키는 데 지나친 관심을 보이는 경향이 있다고 생각합니다. 그들에 따르면, 라합의 가족들이 심판에서 구원받은 유일한 근거는 붉은 줄이며, 이 붉은 줄은 죄와 사망에서 구원으로 인도하는 십자가의 보혈을 가리킵니다. 그러나 이런 식의 설교는 여호수아 2장 전체의 문맥과 그 논점을 먼저 고려하지 않는 소위 자의적인 알레고리적 해석의 전형적인 패턴을 보여줄 뿐입니다.

그런데 성경을 읽는 어떤 독자들은 문맥에서 벗어난 이런 알레고리적 해석을 마치 모형론인 것처럼 오해하여 매우 주관적인 자신의 해석을 정당화하는 우를 범하곤 합니다. 그러나 이와같은 오류는 모형론의 심각한 오해에서 비롯된 것이며, 나아가 근본적으로는 본문의 전후 문맥을 무시한 일방적인 해석에 따른 필연적인 결과입니다.[19] 그러므로 필자는 여호수아서의 전체 맥락에서 여호수아 2장이 차지하는 위치와 의도를 파악하고, 그 핵심적 논점이 무엇인지를 주의 깊게 찾아볼 것입니다. 만약 이와 같이 본문의 문맥을 중심으로 성실하게 성경을 읽는다면, 여호수아 2장에 묘사된 라합 이야기의 진정한 의미와 중심 메시지가 한층 더 선명하게 드러날 것입니다. 그렇다면 여호수아 2장의 구조에 근거한 문맥의 관점에서 볼 때, 라합의 붉은 줄보다도 더 중요한 본문의 논점은 무엇일까요?

문맥으로 관찰하기

여호수아 2장에서 발견되는 라합은 구약에 등장하는 대표적인 이방 여인 가운데 한 사람입니다. 이 여인은 고귀한 신분은커녕 대중들로부터 전혀 환영받지 못하는 천한 삶을 살아온 사람이었습니다. 그럼에도 불구하고 이 여인이 구약성경에서 크게 부각되고 있는 것은 우리의 관심을 불러 일으키기에 충분합니다. 구약을 설교하는 목회자들도 이 여인에 대한 중요성을 쉽게 지나치지 않습니다. 그러나 오늘날 대부분의 독자들이 여호수아 2장을 읽을 때 그 본문에 나타나는 라합 이야기의 핵심 논점을 제대로 파악하지 못합니다. 왜냐하면 앞서 지적했듯이, 여호수아 2장 18절에 등장하는 라합의 붉은 줄에 제일 먼저 관심이 집중되기 때문입니다. 하지만 여호수아 2장의 논점은 라합의 붉은 줄이 아닙니다.

그렇다면 라합의 이야기가 실제적으로 강조하는 주요 논점은 무엇일까요? 이를 살펴보려면 먼저 여호수아서의 전체 구조 안에서 여호수아 2장의 문맥과 그 중요성을 파악해야만 합니다. 먼저 아래의 간략

한 구조분석이 여호수아서의 전체 주제를 이해하는 데 큰 도움을 줍니다.[20]

주제적 구분	본문
대왕 여호와께서 그의 군대와 함께 가나안으로 진입하시다	1:1-5:12
대왕 여호와께서 가나안을 정복하시다	5:13-12:24
대왕 여호와께서 정복한 땅을 조직화하시다	13:1-21:45
대왕 여호와께서 장차 이스라엘의 충성을 촉구하시다	22:1-24:28

위의 구조분석에서 볼 수 있듯이, 여호수아서는 대왕 여호와께서 여호수아라는 지도자를 통해 그분의 군대를 이끌고 가나안에 진군하시어 그 땅을 정복하시고, 그 땅의 행정적 조직을 이루시고, 그 땅에서 거하며 살게 될 미래의 이스라엘을 향해 언약적 충성을 촉구하시는 일련의 메시지를 전달하고 있습니다. 이런 여호수아서의 메시지와 큰 틀 안에서 여호수아서의 도입부에 속하는 여호수아 2장의 라합 이야기는 매우 중요한 위치를 점합니다. 그렇다면 라합 이야기의 핵심 논점은 무엇일까요? 아래에 제시된 여호수아 2장의 라합 이야기의 구조는 이 이야기의 의미를 파악하는 데 상당한 도움을 줍니다.[21]

A 정탐꾼의 파송(1절)

　　B 정탐꾼을 보호하는 라합(2-7절)

C 라합의 신앙고백(8-14절)

B' 정탐꾼을 보호하는 라합(15-22절)

A' 정탐꾼의 귀환(23-24절)

여호수아 2장의 라합 이야기는 정탐꾼의 파송(A)으로 시작하여 정탐꾼의 귀환(A')으로 마무리되는 인클루지오(Inclusio)의 형식을 취합니다. 그러나 라합 이야기의 중심은 정탐꾼의 사역보다는 정탐꾼에 대한 라합의 태도에 있습니다. 라합은 여호수아가 보낸 정탐꾼의 정체를 알고 적극적으로 그들의 안위와 신변을 지키기 위해 최선을 다합니다(B, B'). 심지어 여리고 왕이 보낸 사람들의 눈을 속이기까지 합니다. 이러한 라합의 시도는 목숨을 건 위험한 행위였습니다. 그렇다면 왜 라합은 여호수아가 보낸 정탐꾼의 안전을 위해 그토록 신경을 썼던 것일까요? 위의 구조에서 중심(C)에 위치하는 8-14절이 이 질문에 해답을 제공합니다. 라합의 모든 행위는 그녀가 이방의 땅에서 이미 이스라엘의 하나님 여호와에 대하여 들었고, 그 이후로 그 하나님에 대한 믿음을 가지고 있었기 때문에 가능한 것이었습니다.[22]

이처럼 여호수아 2장의 구조를 통해서 본 본문의 맥락은 하나님을 향한 라합의 믿음을 강력하게 부각시킴을 알 수 있습니다. 그러면 라합이 하나님을 절대적으로 신뢰하게 된 계기는 무엇일까요? 위의 구조에서 드러난 본문의 문맥은 라합의 믿음이 들음에서 비롯된 것임을 강조합니다. 즉 라합은 가나안에 있을 때부터 하나님께서 이스라엘을 위해 어떻게 역사하셨는지에 대해 이미 들었고, 그 결과 하나님에 대한 절대적 믿음을 견지하게 되었다는 것입니다. 비록 라합은 이스라엘의 회원이 아니었음에도 하나님께서 행하신 일들에 관하여 듣고 믿게 되었습니다. 뿐만 아니라 이런 믿음으로 말미암아 그녀는 결국 하나님께서 보내신 정탐꾼을 보호하는 신앙적 결단과 행동을 보이게 되었습니다. 이렇듯 한낱 이방 여인에 불과했던 라합의 등장과 믿음의 고백 그리고 그녀의 신앙적 결단과 행동이 여호수아서의 첫 시작부터 집중적으로 묘사되고 있음은 매우 의미심장합니다. 그러므로 여호수아 2장의 구조와 문맥에 비추어 볼 때, 여호수아 2장의 중심은 여호수아도 정탐꾼도 아닙니다. 오히려 부도덕한 여인으로 손가락질 받았던 한 여인인 라합과 그녀의 신앙고백이 중심입니다.

그렇다면 왜 여호수아 2장은 라합이라는 한 천한 여인의 행위를 그토록 부각시키는 것일까요? 더욱이 왜 라합 이야기를 여호수아서의 도입부에 위치시키고 있는 것일까요? 그것은 라합 이야기가 장차 가나안 땅에서 거하게 될 신앙 공동체의 정체성을 예고해 주기 때문입니다. 즉 앞으로 가나안 땅을 정복하고 그 땅에 거하게 될 하나님의 백성이 어떤 공동체로 규정되어야 하는지에 관해 라합 이야기가 미리 대답을 제시하고 있는 것입니다. 비록 이스라엘에 속하지 않은 이방 민족일지라도 여호와 신앙을 고백하는 자는 이스라엘 공동체의 회원으로 받아들여집니다. 심지어 기생과 같은 비천한 신분의 여인일지라도 과거의 잘못을 버리고 새로운 신앙의 삶을 선택하는 자에게는 언제나 새로운 가능성이 열려 있는 곳이 바로 가나안이요 이스라엘 공동체입니다.

그러나 아이러니하게도 미래의 이스라엘은 이러한 가나안에서 우상을 숭배함으로 여호와를 향한 언약적 신앙을 버리고 영적인 기생으로 전락하고 맙니다. 이스라엘은 할례와 율법, 성전과 같은 중요한 신앙의 전통들은 고수했지만, 정작 가장 중요하고도 본질적인 여호와 신앙을 저버리고 우상을 선택함으로 결국 가나안에서 쫓겨나 이방의 나라 바벨론으로 옮겨집니다. 신앙을 잃어버린 형식이 무슨 의미가 있으며, 고백을 상실한 전통으로 무엇을 할 수 있단 말인가요? 이런 점에서 라합 이야기는 신분이나 인종이나 성별이 아닌, 오직 여호와를 유일하신 하나님으로 믿고 고백하는 참된 신앙만이 하나님의 백성이 될 수 있는 유일한 길임을 일깨워줍니다.

문맥에 뿌리내린 적용

여호수아 2장의 문맥으로 관찰한 라합 이야기의 논점은 신약에서 더욱 강화됩니다. 특히 신약의 첫 장을 여는 마태복음 1장의 족보에 등장하는 여인들 가운데 하나가 라합이라는 사실은 의미심장합니다. 뿐만 아니라 믿음을 강조하는 히브리서 11장에서도 라합은 이방의 기생출신이었음에도 믿음으로 정탐꾼을 보호한 순종의 여인으로 그려집니다.

"믿음으로 기생 라합은 정탐꾼을 평안히 영접하였으므로 순종하
지 아니한 자와 함께 멸망하지 아니하였도다"(히11:31)

신약에 등장하는 예수님께서는 구약의 라합과 같이 그 당시 이스
라엘 백성들이 멀리하는 세리나 창녀와 같은 비천한 그룹들을 멀리
하지 않으셨습니다. 오히려 예수님의 통치로 도래하는 하나님의 나라
는 인종이나 출신, 성별에 의해 규정되는 것이 아니라 예수님의 십자
가의 복음을 믿고 그 정신을 실천하는 자들에게 임합니다. 그런데 이
와 같이 이방인들이 참여하는 하나님 나라의 통치는 이미 구약 시대
에 예견되었습니다. 특히 라합 이야기는 장차 가나안 땅 공동체의 정
체성과 그 방향성을 알려주며, 먼 훗날 메시아를 통해 도래할 하나님
나라의 특징을 미리 예고합니다. 따라서 오늘날 하나님의 백성 공동체
인 교회는 세상의 신분과 상관없이 예수 그리스도를 '주님'으로 고백
하는 자들은 누구든지 환영하며 따뜻하게 받아들이는 열린 공동체가
되어야 합니다.

정리하자면, 이제 라합 이야기를 읽고 해석하는 독자들은 본문의
문맥을 무시한 채 오로지 라합의 붉은 줄에만 관심을 기울이며 그 붉
은 줄을 십자가의 피로 적용하는 데만 몰두해서는 안 됩니다. 오히려
비천한 여인의 신앙고백이 여호수아 2장과 전체 여호수아서의 구조와

문맥에서 어떻게 작용하며 기능하는지를 먼저 살펴보아야 합니다. 나아가 여호수아 2장의 라합 이야기에 나타난 하나님 나라의 특징이 어떻게 신약의 메시지와 연결되는지를 파악할 수 있어야 합니다. 라합의 붉은 줄은 여호수아 2장의 중심이 아닙니다. 따라서 여호수아 2장의 핵심 또한 십자가의 피를 강조하는 데 있지 않습니다. 그보다 라합 이야기의 핵심은 그녀의 신앙에 있습니다. 이것이 여호수아 2장의 문맥이 말하는 바입니다.

12장
기도를 쉬는 죄의 의미는 무엇인가?

"나는 너희를 위하여 기도하기를 쉬는 죄를 여호와 앞에 결단코
범하지 아니하고 선하고 의로운 길을 너희에게 가르칠 것인즉"
_사무엘상 12장 23절

 기독교는 기도의 종교라 해도 과히 틀린 말이 아닐 것입니다. 교
회마다 수많은 기도회가 있으며, 성도들은 기도 모임을 통해 아름다
운 교제와 연합을 경험합니다. 주일 예배 시에도 대표기도, 회개기도,
합심기도와 같은 형식으로 기도가 진행됩니다. 뿐만 아니라 개인묵상
과 큐티 시간에도 기도의 시간은 필수적입니다. 이처럼 기도는 그리
스도인의 삶의 일부입니다. 기도의 중요성은 아무리 강조해도 지나치
지 않습니다. 그러다 보니 그리스도인들은 기도와 관련된 성경구절들
을 많이 암송하거나 인용합니다. 이런 구절들 가운데 가장 많이 암송

되는 본문이 바로 사무엘상 12장 23절입니다. 특히 이 구절에 등장하는 '기도하기를 쉬는 죄'라는 말은 많은 성도들의 입에 오르내리는 표현입니다. 그래서 우리는 종종 '기도를 쉬는 죄'를 범해서는 안 된다는 말을 많이 합니다. 어떤 이들은 항상 기도해야 한다는 것을 강조하기 위해 기도를 쉬는 것은 죄악이라는 표현을 종종 쓰곤 합니다. 필자 역시 교회에서 사역자로 봉사할 때 금요 철야예배의 기도회를 인도하면서 '기도를 쉬는 죄'를 범하지 말자는 멘트를 줄곧 사용하곤 했습니다.

그러나 안타깝게도 당시 필자는 사무엘상 12장 23절의 맥락과 의미를 제대로 알지 못한 채 이 표현을 임의로 사용하였습니다. 아마도 상당수의 목회자를 비롯해 많은 그리스도인들이 이 표현이 등장하는 사무엘상의 문맥을 정확히 파악하지 못한 채 이 구절만을 그대로 가져와서 자신의 상황 속에 직접적으로 적용하고 있는 것으로 보입니다. 하지만 사무엘상 12장 23절의 전후 맥락을 전혀 고려하지 않고 '기도를 쉬는 죄'라는 표현을 무분별하게 사용하는 것은 자칫 본문의 목적과 의도에서 벗어나는 일이 될 수 있습니다. 그러면 왜 사무엘은 '기도하기를 쉬는 죄'에 대해서 언급하고 있는 것일까요? 사무엘이 이런 표현을 사용하고 있는 의도와 목적은 무엇일까요? 이런 질문에 답하기 위해서는 먼저 사무엘상 12장 23절의 배경과 맥락을 관찰해 보아야 합니다.

문맥으로 관찰하기

사무엘이 이 표현을 사용하는 의도와 배경은 이스라엘의 새로운 리더십의 등장과 맞물려 있습니다. 당시 마지막 사사였던 엘리는 실패한 지도자로서 인생을 마감했습니다. 아마도 엘리 제사장과 그의 가문의 몰락은 이스라엘 백성에게 큰 충격을 주었을 것입니다. 심지어 엘리와 그의 가족들의 실패는 이스라엘 나라의 실패로 연결될 수도 있었습니다. 그만큼 엘리 가문의 패망은 곧 이스라엘 민족의 위기 상황을 의미하였습니다. 그런데 이런 상황에서 사울이 암몬 족속의 공격을 물리치며 이스라엘의 지도자로서의 면모를 발휘했습니다(삼상11장).

이에 하나님께서는 새로운 지도자로 떠오른 사울을 이스라엘 민족의 최초의 왕으로 세우기로 작정하셨습니다. 그리고 사무엘은 길갈에서 암몬을 물리친 사울을 왕으로 삼고 새로운 국가의 시작을 선언하였습니다. 사무엘상 12장은 바로 이런 역사적 맥락과 관련되어 있는데, 여기서 사무엘은 이스라엘 백성을 향해 강력한 메시지를 선포합니다. 더불어 새로운 왕과 함께 여호와를 경외하며 그분의 말씀에 순종할 것을 다음과 같이 촉구합니다.

"너희가 암몬 자손의 왕 나하스가 너희를 치러 옴을 보고 너희의 하나님 여호와께서는 너희의 왕이 되심에도 불구하고 너희가 내게 이르기를 아니라 우리를 다스릴 왕이 있어야 하겠다 하였도다

이제 너희가 구한 왕, 너희가 택한 왕을 보라. 여호와께서 너희 위
에 왕을 세우셨느니라 너희가 만일 여호와를 경외하여 그를 섬기
며 그의 목소리를 듣고 여호와의 명령을 거역하지 아니하며 또 너
희와 너희를 다스리는 왕이 너희의 하나님 여호와를 따르면 좋겠
지마는 너희가 만일 여호와의 목소리를 듣지 아니하고 여호와의
명령을 거역하면 여호와의 손이 너희의 조상들을 치신 것 같이 너
희를 치실 것이라"(삼상12:12-15)

사무엘은 지금 무엇보다도 새로운 지도자를 맞이해야 하는 중대한
시점과 그 중요성을 직감하고 있습니다. 이스라엘의 최초의 왕이 등극
하여 새로운 국가가 시작되는 시점에서 사무엘이 이스라엘 백성 앞에
서 가장 먼저 강조하는 것은 무엇일까요? 그는 다음과 같이 선언합니다.

"여호와께서는 너희를 자기 백성으로 삼으신 것을 기뻐하셨으므
로 여호와께서는 그의 크신 이름을 위해서라도 자기 백성을 버리
지 아니하실 것이요 나는 너희를 위하여 기도하기를 쉬는 죄를 여
호와 앞에 결단코 범하지 아니하고 선하고 의로운 길을 너희에게
가르칠 것인즉"(삼상12:22-23)

이스라엘의 영적 지도자 사무엘은 새로운 리더십의 출현과 전환기
를 맞이하여, 또한 그 리더십의 영적인 안정을 위해 자신에게 가장 절
실한 것이 '기도'라고 판단하였습니다. 즉 사울이 새로운 왕으로 등극

한 시점에서 이스라엘의 안정과 사울의 올바른 통치를 위해 간절하게 기도하는 것이 필요하다고 판단했던 것입니다. 따라서 우리가 사무엘상 12장 23절에 등장하는 '기도를 쉬는 죄'라는 표현을 사용할 때면 먼저 사무엘이 처했던 그 긴박한 상황을 고려할 필요가 있습니다. 좀 더 구체적으로 말하자면, 여기서 '기도를 쉬는 죄'라는 표현은 새로운 지도자의 선출과 새로운 리더십에 의한 민족의 안정이 절대적으로 필요한 매우 특수한 시점과 맞물려 있다는 것입니다.

문맥에 뿌리내린 적용

앞에서 설명했듯이, 사무엘상 12장 23절에 등장하는 '기도를 쉬는 죄'라는 표현은 '새로운 왕의 출현과 새로운 나라의 시작을 알리는 매우 특수한 상황'에서 민족 공동체를 위한 기도의 긴급성과 지속성의 필요를 강조하고 있는 것임을 잊지 말아야 합니다. 그러나 안타깝게도 오늘날 많은 그리스도인들이 이 표현에 내포된 '민족 공동체'를 위한 긴급한 기도의 필요성과 의미는 놓친 채, 그저 개인적인 기도의 범주로 이 표현을 축소시키는 우를 범하곤 합니다.

물론 개개의 그리스도인들은 늘 쉬지 않고 기도하는 삶을 실천해야 합니다. 신약의 본문들도 범사에 기도할 것을 요청하고 있습니다. 그러나 평소에 개개의 그리스도인들이 늘 기도해야 한다는 점을 강조하기 위해 사무엘상 12장 23절을 본문의 배경과 문맥을 간과한 채 상투적으로 인용하다 보면, 실상 이 본문이 강조하는 논점을 놓쳐버릴 수 있습니다. 사무엘상 12장 23절이 의도하는 논점은 자명합니다. 즉 이 구절은 개개인을 위한 지속적인 기도보다는 새로운 국가 건설과 리더십의 전환을 맞이하여 민족 공동체를 위한 기도의 중요성에 초점을 두고 있는 것입니다.

요즘 많은 그리스도인들이 세간의 입에 오르내리는 교회 지도자들의 부패와 타락 때문에 큰 고민과 염려에 빠져있습니다. 어떤 이들은 한국 교회가 절망적인 위기에 봉착했다고 선언하기까지 합니다. 이런 위기의 상황에서 우리는 무엇을 해야 할까요? 물론 불의를 향해 목소리를 높이며 개혁을 위한 실천적인 삶을 지향해야 함은 의심의 여지가 없습니다. 그럼에도 불구하고 그리스도인들의 또 다른 의무가 있는데, 그것이 바로 기도의 삶입니다. 더불어 그 기도는 나 자신을 위한 기도만이 아니라 이 나라와 교회와 지도자를 위한 기도가 되어야 합니다. 특히 교회 지도자들의 탈선과 범죄로 절대 절명의 위기에 처한 한국 교회를 위해 기도하는 것은 오늘날 그리스도인들이 해야 할 중요한 사명입니다. 이런 점에서 새로운 리더십의 전환기에서 민족을 위해 지속적인 기도를 촉구했던 사무엘의 외침은, 오늘날 우리에게 영적인 위기 상황에서 교회의 지도자들을 포함해 한국 교회의 영적 쇄신과 회복을 위해 쉬지 않고 기도하는 신앙적 결단이 필요함을 일깨워준다 하겠습니다.

13장
웃사의 죽음은 그만의 책임인가?

구약에는 종종 갑작스럽게 죽음을 당하는 인물들이 등장합니다. 이런 사건들은 대부분 하나님의 진노의 결과로 발생합니다. 그런데 죽음의 이유가 쉽사리 수긍되지 않는 경우들도 있습니다. 가령 웃사의 죽음 같은 것인데, 이는 구약에서 매우 충격적인 사건 중 하나입니다. 사건의 경위는 이렇습니다. 당시 아비나답의 집에 있었던 하나님의 법궤를 다윗성으로 옮기고자 했고, 이에 아비나답의 아들들인 웃사와 아효가 법궤를 실은 수레를 몰게 되었습니다. 그러던 도중 소가 날뛰기 시작하였고, 그로 말미암아 수레에 실려 있던 법궤가 흔들렸습니다. 그때 웃사가 흔들리는 법궤를 붙들었는데, 이 일로 웃사는 하나님의 진노를 사서 급사하고 말았다는 이야기입니다.

그런데 이 이야기가 정말 법궤 이동의 책임을 맡은 웃사의 부주의를 부각하고 있는 것일까요? 만약 그렇다면 웃사는 수레에서 떨어지려는 법궤를 그냥 바라보아야만 했을까요? 실제로 단지 웃사가 흔들리는 법궤를 만졌다는 이유만으로 죽음을 맞이했다고 이해한다면 뭔가 석연찮은 느낌을 지울 수가 없습니다. 과연 웃사의 죽음에는 웃사 외에 다른 누군가의 책임은 없는 것일까요? 아니 근본적으로 사무엘하 6장 1-8절에 등장하는 웃사의 죽음을 통해서 저자가 의도적으로 강조하고자 했던 논점은 무엇일까요? 이런 질문들에 대한 해답을 찾기 위해서는 먼저 오늘 본문의 전후 문맥을 살펴보아야 합니다.

문맥으로 관찰하기

사무엘하 6장 1-8절의 문맥은 다윗의 법궤 이동에 초점을 두고 있습니다. 여기서 우리는 이런 질문을 던질 수 있습니다. "왜 다윗은 법궤를 예루살렘으로 이동하려고 하는가?" 원래 엘리 제사장 때 이스라엘이 하나님의 법궤를 블레셋 족속에게 빼앗겼지만, 그 법궤 앞에서 블레셋의 다곤 신상이 부러지는 사건(삼상5:1-4)으로 말미암아 법궤는 결국 기럇여아림이라는 이스라엘 지역으로 다시 옮겨지게 되었습니다(삼상7:1-2). 이에 기럇여아림 사람들은 아비나답의 아들 엘르아살을 구별하여 다윗의 때까지 줄곧 법궤를 지키게 하였습니다. 그러다가 다윗이 왕위에 올라 이방 민족들을 물리치고 예루살렘을 정복하면서 명실상부한 이스라엘의 절대 권력으로 자리하게 되었습니다. 그러나 다윗은 한 가지 부족한 것을 느꼈습니다. 그것은 다름 아닌 법궤의 부재였습니다. 예루살렘을 종교적 도시로 확고히 세우기 위해서라도 법궤의 귀환이 절실했습니다. 그리하여 다윗은 법궤를 예루살렘으로 옮기기 위한 작업을 감행하였습니다. 이런 점에서 법궤의 이동 또는 귀환은 다윗 통치의 클라이맥스요 다윗 권력의 절대성을 의미하는 것이었습니다. 그러나 웃사의 죽음으로 이런 다윗의 계획이 하루아침에 물거품이 되고 말았습니다. 도대체 무엇이 잘못된 것이었을까요?

사실 웃사의 죽음은 단순히 웃사의 탓만이 아니었습니다. 오히려 본문의 문맥은 웃사보다도 다윗의 문제를 더 부각시킵니다. 법궤의 이동을 다루는 사무엘하 6장 1-8절의 앞 문맥은 다윗과 블레셋의 전투를 다룹니다. 여기서 우리는 다윗이 블레셋과 싸워 이길 수 있었던 비결을 발견할 수 있습니다.

"다윗이 여호와께 여쭈니 이르시되 올라가지 말고 그들 뒤로 돌아서 뽕나무 수풀 맞은편에서 그들을 기습하되 뽕나무 꼭대기에서

걸음 걷는 소리가 들리거든 곧 공격하라 그 때에 여호와가 너보다 앞서 나아가서 블레셋 군대를 치리라 하신지라 이에 다윗이 여호와의 명령대로 행하여 블레셋 사람을 쳐서 게바에서 게셀까지 이르니라"(삼하5:23-25)

다윗이 블레셋을 쉽게 무찌를 수 있었던 것은 그가 하나님께 아뢰었기 때문입니다. 즉 다윗이 어떻게 싸워야 할지 하나님께 여쭈었을 때, 하나님께서는 그에게 싸움의 방식을 구체적으로 알려주셨고, 다윗은 그 방식대로 전투에 임하여서 대승을 거둘 수 있었습니다. 그런데 이렇게 대승을 거둔 다윗이 곧바로 행한 일이 법궤의 이동을 추진하는 것이었습니다. 더군다나 이를 위해서 다윗은 하나님께 전혀 묻거나 아뢰지 않았습니다. 뿐만 아니라 법궤를 이동할 때도 지켜야 할 율법적 지침들을 전혀 준행하지 않았습니다. 율법은 법궤를 이동할 때 지켜야 할 규례에 대해 다음과 같이 말하고 있었습니다.

"금 고리 넷을 부어 만들어 그 네 발에 달되 이쪽에 두 고리 저쪽에 두 고리를 달며 조각목으로 채를 만들어 금으로 싸고 그 채를 궤 양쪽 고리에 꿰어서 궤를 메게 하며"(출25:12-14)

"진영이 전진할 때에 아론과 그의 아들들이 들어가서 칸 막는 휘장을 걷어 증거궤를 덮고 그 위를 해달의 가죽으로 덮고 그 위에 순청색 보자기를 덮은 후에 그 채를 꿰고"(민4:5-6)

이처럼 율법은 법궤와 관련해 반드시 레위인의 어깨에 메어 옮겨야 한다는 점을 분명히 밝힙니다. 그러나 다윗은 이 규례를 지키지 않았습니다.[23] 오히려 그는 법궤를 수레에 실어 이동시켰습니다. 만약 다윗이 율법 규정에 따라 법궤를 레위인의 어깨에 메어 옮겼다면 웃사의 죽음은 발생하지 않았을 것입니다. 그러므로 다윗은 두 가지 점에서 잘못을 범하였다고 할 수 있습니다. 첫째는 법궤의 이동과 같은 중대한 문제를 시행하기에 앞서 하나님께 그 뜻을 전혀 묻지 않았다는 것이고, 둘째는 법궤의 이동에 반드시 필요한 율법, 곧 하나님의 지침을 완전히 무시하였다는 것입니다. 참고로 훗날 다윗이 다시 법궤를 옮겨올 때는 사람들로 하여금 법궤를 메고 이동시켰습니다.

"다윗과 온 이스라엘 족속이 즐거이 환호하며 나팔을 불고 여호와의 궤를 메어오니라"(삼하6:15)

여기서 우리는 이전의 잘못을 다시 반복하지 않으려는 다윗의 의지를 엿볼 수 있습니다. 여하튼 정리하자면, 웃사의 죽음을 소개하는 사무엘하 6장 6-7절의 전후 문맥은 웃사의 죽음이 웃사 한 사람만의 잘못이 아니라 다윗의 잘못과 깊이 결부되어 있음을 알게 해줍니다.[24]

문맥에 뿌리내린 적용

사무엘하 6장 1-8절의 전후 문맥을 고려하지 않고 사무엘하 6장 6-7절만을 피상적으로 읽을 경우, 웃사의 급사는 웃사의 잘못에서 비롯된 것처럼 보일 수 있습니다. 실제로 웃사가 흔들리는 법궤를 만지는 행위는 잘못된 것입니다. 그러나 사무엘하 6장 1-8절의 전후 문맥을 볼 때, 웃사의 죽음은 또 다른 차원에서 이해될 수도 있습니다. 곧 본문의 전후 문맥에서 다윗은 블레셋과의 전투에서 철저히 하나님께 먼저 아뢰고 그로 말미암아 대승을 얻게 됩니다. 그러나 법궤를 이동하는 중차대한 일에서는 하나님께 묻지 않습니다. 아마도 다윗은 전쟁의 승리에 도취된 채 수레로 법궤를 신속히 이동시켜 자신의 통치를 더욱 굳건히 확립하고자 했을 것입니다.

특히 다윗이 수레로 법궤를 이동시킬 때 "잣나무로 만든 여러 가지 악기와 수금과 비파와 소고와 양금과 제금"(삼하6:5)과 같은 악기들을 동원해서 연주시켰다는 점은 그의 들뜬 마음을 연상시켜줍니다. 즉 그의 관심은 지금 올바른 율법적 절차에 따라 법궤를 운반하기보다 신속하게 법궤를 이동하는 데 있었습니다. 혹자는 웃사가 수레를 통해 법궤를 운반할 것을 요구했고, 다윗은 단지 이를 허용했을 뿐이라고 주장하기도 합니다. 하지만 그렇다고 해서 법궤의 이동 과정을 계획하고 감독해야 할 다윗의 책임이 간과되는 것은 아닙니다. 다윗은 이제 명실상부한 이스라엘의 최고 지도자로서 하나님의 계명에 따라 법궤가 어깨에 메어 운반되도록 철저히 감독했어야 했습니다.

결론적으로 본문에 묘사된 법궤의 이동과 웃사의 죽음은 하나님의 뜻보다 앞서갔던 다윗의 성급함과 더불어 이전과 다른 다윗의 교만한 모습의 한 단면을 보여주는 것이라 하겠습니다. 따라서 웃사의 죽음을 다루는 사무엘하 6장 6-7절을 읽는 독자들은 본문의 전후 문맥을 통해 웃사의 죽음이 웃사만의 잘못이 아님을 깨달아야 할 것입니다. 나아가 웃사의 불행한 비극은 자신의 권력을 다지기 위해 법궤의 이동을 성급하게 추진하고자 했던, 그래서 하나님의 뜻을 묻지도 않고 심지어 법궤의 이동에 관한 율법까지 무시했던 다윗의 교만함 때문이라는 것도 함께 인식해야 할 것입니다.

14장

다윗의 인구조사는 누구의 문제인가?[25]

> "여호와께서 다시 이스라엘을 향하여 진노하사 그들을 치시려고 다윗을 격동시키사 가서 이스라엘과 유다의 인구를 조사하라 하신지라"
>
> _사무엘하 24장 1절
>
> "사탄이 일어나 이스라엘을 대적하고 다윗을 충동하여 이스라엘을 계수하게 하니라"
>
> _역대상 21장 11절

오래전 신학대학원을 다닐 때 목사님 한 분을 만났던 때가 기억납니다. 그 목사님은 성경의 권위를 강조하며 열심히 가르치는 분이었습니다. 그런데 어느 날 그분이 자신에게 절망하게 된 순간이 있었다고 내게 말씀해 주셨습니다. 그것은 어느 진보적인 목회자를 만나 성경에 관해 대화를 나누었을 때인데, 그때 그 목회자는 성경의 오류를 확신하며 그 실례로 사무엘하 24장 1절과 역대상 21장 1절에 등장하는 다윗의 인구조사를 언급했다고 합니다. 사실 이 두 본문을 언뜻 읽으면, 인구조사의 원인으로 각각 하나님과 사탄을 부각시키면서 큰 차이를 드러냅니다. 즉 사무엘하 24장 1절은 다윗의 인구조사가 하나님에 의해 시작되었다고 표현하는 반면, 역대상 21장 1절은 사탄의 충동 때문에 발생한 것으로 서술합니다. 그런데 이런 곤란한 질문을 던진 그 진보적인 목회자에게 속 시원하게 대답하지 못한 목사님은 마음이 참 무거웠다고 토로하였습니다. 그러고는 대뜸 신학대학원에서 공부하던 당시 필자에게 시간이 나면 이 난제를 한번 풀어보는 것이 어떻겠냐고 제안하였습니다.

그분을 만난 후 수년의 세월이 지나고 외국에서 유학 생활을 하는 동안에도 필자는 가끔씩 이 문제를 머리에 떠올리곤 했습니다. 그리고 학위를 마치고 한국에 귀국하자마자 이 난제를 본격적으로 연구하기 시작했습니다. 과연 사무엘하 24장 1절과 역대상 21장 1절은 다윗의 인구조사의 원인을 서로 다르게 이해하는 것일까요? 만약 그렇다면 두 본문 중 하나는 잘못된 것이지 않을까요? 대체 다윗의 인구조사의 원인은 하나님일까요 아니면 사탄일까요? 이런 복잡한 질문들은 쉽게 해결되지 않는 난제로 우리를 혼란케 합니다. 그럼에도 불구하고 이 난제는 역대상 21장 1절에 등장하는 사탄의 정체에 대해 정확하게 이해함으로써 해결의 실마리를 찾을 수 있습니다. 이를 위해 선행해야 할 일은 역대상 21장 1절의 전후 문맥을 살피는 일입니다. 과연 역대상 21장의 전후 문맥으로 볼 때, 역대상 21장 1절에 등장하는 사탄의 정체는 무엇일까요?[26]

문맥으로 관찰하기

역대상 21장에 등장하는 사탄의 정체를 규명하기에 앞서 구약성경에 나타나는 '사탄'의 의미를 좀 더 밝혀볼 필요가 있습니다. 흔히들 '사탄'이라고 하면, 하나님을 대적하여 심판받은 타락한 천사 정도로 이해합니다. 그러나 구약성경에서 사탄은 그렇게 하나의 용례로만 나타나지 않습니다. 히브리어 명사 '사탄'은 사실 동사형 '사탄'과 깊은 연관이 있습니다. 이 동사는 구약에서 여섯 번 등장합니다(시38:20; 71:13; 109:4,20,29; 슥3:1). 각각의 단락에서 이 동사는 대체로 '고소하다(accuse)', '비난하다(slander)'와 같은 의미로 해석됩니다. 명사형으로 쓰이는 '사탄'은 구약성경에서 26회 등장하며, '비난자', '고소자', '대적자'라는 뜻으로 다양하게 나타납니다. 그 용례 또한 반드시 천상적인 존재(타락한 천사-민22:22,23; 욥1-2장; 슥3:1-2)로만 나타나는 것이 아니라, 지상적인 존재(대적자, 원수들-삼상29:4; 삼하19:18-20; 왕상11:14,23,25; 시109:6)로도 종종 표현되고 있기에 '사탄'의 의미를 바르게 이해하기 위해서는 전후 문맥을 이해하는 것이 필수적입니다. 따라서 역대상 21장 1절에 나타난 사탄의 정체가 무엇인지를 규명하기 위해 역대상 21장의 문맥을 살펴보겠습니다.

실제로 역대상 21장은 다윗 왕의 치적에 대한 기사(대상14:3-22:1)에서 다윗 왕 통치 말기(대상22:2-29:30)로 넘어가는 전환점으로 기능합니다. 주목해야 할 점은 역대상 21장의 근접 선행 단락인 역대상 18-20장이 다윗의 군사적 정복 및 도전들과 결부되어 있다는 점입니다. 특히 여기서 기술되는 전투들은 대부분 이방의 대적들과 관련이 있습니다. 예를 들면, 이 단락에 나타난 다윗의 이방 대적들은 다음과 같습니다.

블레셋(18:1) ― 모압(18:2) ― 소바 왕 하닷에셀(18:3-8) ― 에돔(18:12-13)
― 암몬과 아람(19:1-19) ― 암몬(20:1-3) ― 블레셋(20:4-8)

한편 역대상 21장 1절에 나타나는 "일어나 대적하고"라는 표현은 '대항하다' 또는 '반역하다'라는 뜻을 전달하며, 다분히 군사적 의미를 함축하고 있습니다. 그러므로 역대상 21장의 근접문맥은 이스라엘의 어떤 이방인 대적이 다윗에게 반역을 시도한 것임을 암시합니다. 또한 역대상 21장 13절에서 다윗은 자신이 대적의 손에 빠지지 않도록 해달라고 간구하는데, 이는 역대상 21장 1절에 나오는 사탄이 군사적 대적과 관련되어 있음을 간접적으로 말해줍니다.

흥미롭게도 역대상 21장 1절의 사탄은 열왕기에 등장하는 사탄을 연상시킵니다. 세일해머(John H. Sailhamer) 역시 역대상 21장 1절의 사탄의 정체를 이해하는 실마리로서 열왕기에 등장하는 이방의 군사 대적으로서의 사탄을 언급합니다.[27] 특히 열왕기와 같은 구약 역사서는 이스라엘을 징계하기 위해 이방의 대적들을 일으키시는 하나님의 진노를 강조합니다. 여기서 하나님의 진노와 이방의 군사적 대적들은 밀접한 연관성을 갖습니다. 다시 말해, 열왕기는 이스라엘을 향해 진노하신 하나님께서 이스라엘을 심판하기 위해 이방의 대적들을 사용하신다는 점을 보여줍니다.

예를 들면, 열왕기상 11장 9-14절은 "솔로몬이 마음을 돌려 이스라엘의 하나님 여호와를 떠나므로 여호와께서 그에게 진노하시니라 …… 여호와께서 에돔 사람 하닷을 일으켜 솔로몬의 대적이 되게 하시니 그는 왕의 자손으로서 에돔에 거하였더라"고 선언합니다. 열왕기상 11장 25절도 "솔로몬의 일평생에 하닷이 끼친 환난 외에 르손이 수리아 왕이 되어 이스라엘을 대적하고 미워하였더라"고 진술합니다. 이처럼 열왕기상 11장 9-14절과 11장 25절에 등장하는 대적들은 '사탄'으로 묘사되고 있는데, 이들은 모두 이스라엘 왕에게 도전하는 이방의 군사적 대적들을 가리킵니다. 그러므로 여기에 등장하는 '사탄'은 천상적 존재로서의 사탄이 아니라 지상의 이방 군사적 '대적'을 가리키는 일반 명사로서 하나님께서 사용하시는 심판의 도구를 의미한다고 볼 수 있습니다.

이런 관점에서 볼 때, 역대상 21장 1절의 사탄 역시 하나님께서 다윗을 향해 진노하셔서 일으키신 이방의 군사적 대적으로 해석될 수 있습니다. 본문에서는 분명하게 언급하지 않지만 아마도 다윗은 하나님께 진노를 살만한 잘못을 범하였고, 이에 하나님께서 진노하셔서 이방의 군사들을 일으키신 것이라 할 수 있습니다. 종합하자면, 역대상 21장의 전후 문맥과 다른 본문에 나타난 사탄의 용례를 고려할 때, 역대상 21장 1절의 사탄은 천상적 존재라기보다 지상적 존재, 특히 다윗에게 도전하는 이방의 군사적 대적으로 해석되는 것이 자연스럽습니다.

문맥에 뿌리내린 적용

우리는 지금까지 역대상 21장의 전후 문맥을 통해 역대상 21장 1절에 등장하는 사탄의 정체가 무엇인지 살펴보았습니다. 만약 역대상 21장 1절의 사탄이 다윗을 대적했던 이방의 군사들이라면, 사무엘하 24장 1절과의 차이로 인한 문제는 쉽게 해결될 수 있습니다. 사무엘하 24장 1절은 다윗을 향한 하나님의 진노를 부각시키는 반면, 역대상 21장 1절은 하나님께서 진노하시는 구체적인 방식을 나타냅니다. 다시 말해, 역대상 21장 1절은 이방의 군사(사탄)를 일으켜 다윗을 궁지로 몰아넣으시려는 하나님의 진노를 보여줍니다. 그러나 안타깝게도 본문에는 이 진노의 이유가 잘 나타나지 않습니다. 다만 역대상 21장 전후의 맥락을 고려해 볼 때, 다윗은 솔로몬과 같이 하나님의 진노를 살 만한 잘못을 범하여 이방의 대적자의 공격에 직면했을 가능성이 충분합니다. 역대상 21장이 군사적 전투를 소개하는 선행 단락과 연결되고 있음을 볼 때, 당시 다윗은 이방 대적의 도전에 맞서 군사적으로 대응하고자 인구(병력) 조사를 했던 것으로 추측할 수 있습니다.

여기서 다윗이 지닌 심각한 문제가 나타납니다. 그것은 자신에게 닥친 난관을 해결할 수 있는 열쇠와 관련된 것입니다. 당시 이방의 군사적 침략이라는 난관에 대응하기 위해 다윗이 가장 의지해야 했던 것은 무엇일까요? 사실 다윗은 자신의 잘못을 성찰하며 여호와를 신뢰함으로써 이 문제를 해결해야 했습니다. 그러나 그는 오히려 자신의 군사력을 통해 이 문제를 해결하려 했습니다. 자신이 보유한 군사력으로 대적의 도전을 능히 해결할 수 있다고 본 것입니다. 이것이 바로 다윗의 문제였습니다.

이런 관점에서 볼 때 사무엘하 24장 1절과 역대상 21장 1절은 다윗의 인구조사의 원인에 대해 서로 모순된 다른 관점을 제시하는 것이 아닙니다. 오히려 이 두 본문은 이방인의 대적(사탄)을 일으키신 하나님의 진노 앞에 겸손히 자신을 돌아보지 못하고 오히려 자신의 군대를 통해 문제를 해결하려 했던 다윗의 문제를 바라보게 만듭니다. 결론적으로 다윗의 인구조사를 다루는 사무엘하 24장 1절과 역대상 21장 1절을 읽는 독자들은 다윗의 인구조사의 원인으로서 하나님과 사탄을 대립시켜서 양자택일을 시도해서는 안 됩니다. 오히려 이방의 군사를 통해 진노하시는 하나님 앞에서 인구조사라는 군사적 행위로 어리석게 대응했던 다윗의 죄를 바르게 인식해야 할 것입니다.

15장
전도서는 많이 공부하는 것을
부정하는가?[28]

> "내 아들아 또 이것들로부터 경계를 받으라 많은 책들을 짓는 것
> 은 끝이 없고 많이 공부하는 것은 몸을 피곤하게 하느니라"
>
> _전도서 12장 12절

공부를 많이 하는 것은 과연 헛된 것일까요? 전도서 12장 12절을 읽
어본 독자들은 아마도 이런 질문을 한번 씩은 해보았을 것입니다. 필
자 역시 고등학교 시절 대입시를 위해 밤새워 공부할 때마다 문득 전
도서 12장 12절이 생각나 같은 질문을 해보곤 했습니다. 또 필자가 해
외에서 유학생활을 할 때, 어떤 박사과정 학생이 전도서 12장 12절이
적혀 있는 쪽지를 책상 앞에서 붙여놓은 것을 보고 혼자 웃은 적도 있
습니다. 아마도 그 학생은 박사학위 논문을 쓰면서도 지나치게 공부에
집착해서는 안 된다는 신념을 가지고 있었던 게 아닐까 싶습니다. 여

하튼 사람들은 때때로 공부의 무의미함을 강조하기 위해 이 구절을 인용합니다. 특히 공부하기를 원하지 않거나 싫어하는 사람들에게는 이 구절이 핑계의 구실로 활용될 수도 있습니다. 그러나 과연 이 구절이 공부의 무의미함을 의미하는 것일까요?

몇 년 전 건강이 조금 나빠진 적이 있었는데, 그때 필자를 걱정하던 주변 사람들 중에서도 이 구절을 인용하면서 논문을 쓰거나 책을 그만 쓰고 건강부터 챙기라고 조언하는 이들이 있었습니다. 그분들의 조언의 핵심은 물론 과로하지 말고 건강을 먼저 돌보라는 것이었습니다. 그러나 그분들의 고마운 마음 씀씀이와는 상관없이 전도서 12장 12절이 그분들의 조언을 뒷받침하는 성경적 근거가 될 수 있는지에 대해서는 타당성을 검토해 보아야 합니다. 전도서 12장 12절은 정말로 과도한 연구의 역효과를 경고하는 것일까요? 이 구절의 전후 문맥을 좀 더 깊이 살펴보면, 이 본문이 우리가 생각하는 그런 피상적인 의미를 전달하지 않는다는 점을 알게 될 것입니다. 그러면 전도서 12장 12절의 문맥이 의도하는 메시지는 무엇일까요?

문맥으로 관찰하기

전도서 12장 12절의 의미를 파악하기 위해서는 먼저 전도서 전체의 의도를 이해하는 것이 필요합니다. 제한된 지면이다 보니 여기서는 전도서의 구조를 통해 전도서 전체의 의미를 간략하게 살펴보고자 합니다. 먼저 전도서의 구조적 특징은 인칭을 통한 화자의 차이를 통해 두드러지게 드러납니다. 예를 들면, 전도서에서 전도자는 1장 1절, 7장 27절, 12장 9-14절에서는 3인칭으로 묘사되는 반면에 다른 모든 본문에서는 1인칭으로 표현됩니다. 또한 1장 1절과 12장 9-14절의 전후에는 동일한 신학적 진술로서 "헛되고 헛되니 모든 것이 헛되도다"라는 표현이 등장합니다. 그리고 이 신학적 진술 전후에는 서론적 시(1:4-11)와 결론적 시(11:9-12:7 혹은 12:1-7)가 등장합니다. 그러므로 전도서 전체의 구조는 아래와 같이 1장 1절과 12장 9-14절, 1장 2절과 12장 8절, 1장 4-11절과 11장 9절-12장 7절이 각각 교차 대구를 이루는 형식을 취한다고 할 수 있습니다.

   A 프롤로그(1:1)

      B 신학적 모토(1:2)

         C 서론적 시(1:4-11)

            D 전도자의 말씀(1:12-11:8)

         C′ 결론적 시(11:9-12:7)

      B′ 신학적 모토(12:8)

   A′ 에필로그(12:9-14)

위의 구조는 무엇보다도 전도서 12장(특히 12:9-14)의 위치와 중요성을 보여줍니다. 특히 전도서의 가장 마지막 부분에 해당하는 전도서 12장 9-14절은 전체 전도서의 에필로그로 작용하며, 이러한 역할은 전도서 12장 9-14절이 전체 내용의 핵심적 사상과 결론적 입장을 반영하고 있음을 시사합니다. 따라서 전도서 12장 12절은 이 결론부에 위치하면서 연구와 지식의 가치에 대해 평가하고 있음을 알 수 있으며, 그 의미는 전후 문맥인 12장 9-14절을 살펴봄으로써 파악할 수 있습니다. 먼저 전도서 12장 9절은 전도자가 지닌 세 가지 특징들을 소개하는데, 첫째로는 지혜자로서의 전도자를 강조하고, 둘째로는 사람들에게 지식을 가르치는 자로서의 전도자를 묘사합니다.

"전도자는 지혜자이어서 여전히 백성에게 지식을 가르쳤고 또 깊이 생각하고 연구하여 잠언을 많이 지었으며"

아마도 당시 전도자는 일정한 장소에서 여러 사람들에게 삶의 지혜를 가르쳤던 것 같습니다.[29] 마지막 셋째로 전도자는 잠언을 살피고 연구하며 수집하는 지혜의 선생으로 소개됩니다. 여기서 지혜로운 자의 중요한 자질이 나타납니다. 우선 지혜를 가르치는 선생은 연구하는 일을 결코 게을리 해서는 안 됩니다. 이는 가르치기에 앞서 준비하는 작업이 반드시 뒷받침되어야 함을 말해줍니다. 이런 점에서 전도서 12장 9절은 전도서 12장 12절의 의미를 파악하는 데 중요한 실마리를 제공합니다.

전도서 12장 10절은 전도자가 지혜를 가르치기 위해 먼저 '아름다운 말(디베레 헤페쯔)'을 준비했음을 주지시킵니다.

"전도자는 힘써 아름다운 말들을 구하였나니 진리의 말씀들을 정직하게 기록하였느니라"

지혜로운 자의 교습 방식은 아름다운 말로 이루어집니다. 나아가 '아름다운 말'이라는 표현은 전도자가 가르칠 때의 수업 분위기도 암시합니다. 다시 말해, 전도자의 가르침은 아름다운 언어로 전달되었을 뿐만 아니라 수업 분위기 또한 기쁨으로 압도되었음을 시사합니다. 그러나 전도자의 수업은 그저 사람을 즐겁게 하는 미사여구로만 진행되지 않았습니다. 전도자는 자신의 깨달음을 아름다운 말로 가르쳤을 뿐만 아니라 진리의 가르침을 전달하고자 했습니다. 전도서 12장 11절은 지혜자의 말씀과 스승의 말씀을 채찍과 못에 비유합니다.

"지혜자들의 말씀들은 찌르는 채찍들 같고 회중의 스승들의 말씀들은 잘 박힌 못 같으니 다 한 목자가 주신 바이니라"

여기서 11절 전반부는 다음과 같은 병행구조를 이룹니다.

A 지혜자의 말씀

   B 채찍

A′ 스승의 말씀

   B′ 못

본문에 등장하는 채찍은 가축들을 몰고 가는 농부들이나 목자들이 사용하는 기구로서 가축들을 올바른 길로 이끄는 도구입니다. 이렇듯 본문은 지혜자의 말씀을 백성들을 위한 올바른 지침 혹은 안내자로 묘사하고 있습니다. 그렇다면 지혜자들의 깨달음은 어디서 오는 것일까요? 화자는 이 모든 지혜들이 한 목자로부터 온 것이라고 고백합니다. 이 목자는 누구일까요? 학자들마다 다양한 견해를 제시하지만, 대체로 이 목자는 하나님을 가리키는 것으로 봅니다. 즉 지혜로운 자들을 통해 무지한 백성들을 올바른 길로 인도하는 지혜의 원천은 바로 하나님이십니다.

이처럼 전도서 12장 12절의 이전 문맥에 해당하는 전도서 12장 9-11절은 지혜자로서의 전도서의 특징과 지혜의 원천되시는 하나님에 대해 강조하고 있습니다. 그런데 전도서 12장 12절에서는 갑자기 책을 쓰는 일과 많이 공부하는 것에 대해 다소 부정적인 뉘앙스를 전달합니다. 이 문제와 관련해서는 대표적으로 세 가지 입장들이 있습니다.[30] 첫째는 서오(C. L. Seow)나 와이브레이(R. N. Whybray) 같은 학자들의 입장으로, 지혜자의 지혜 연구는 정당하며 본 구절은 정경이 아닌 세속 학문이나 문학과 관련된다고 보는 것입니다.[31] 다시 말해, 정경이 아닌 다른 세속 작품들에 대해 지나친 연구는 끝도 없으며 도리어 몸을 피곤하게 만들 수 있다는 입장입니다. 둘째는 롱맨 3세(Tremper Longman III)의 입장으로, 전도서 12장 9-14절의 화자가 전도자의 가르침을 부정하면서 그의 지혜에 대해 경고하고 있다는 해석입니다.[32] 반면에 웹(Barry G. Webb)과 같은 세 번째 입장은 이 구절의 표현을 이스라엘의 지혜의 한계와 연결시킵니다. 다시 말해, 아무리 연구해도 모든 지혜는 한계점에 도달할 수밖에 없으며, 따라서 답변될 수 없는 난제들에 너무 집착하면 결국 지칠 수밖에 없다는 것입니다.[33] 그러므로 이 구절은 해결되지 않는 이슈들에 대한 지나친 몰입을 조심해야 한다는 경각심을 일깨운다는 입장입니다. 필자는 웹의 입장이 타당하다고 생각합니다. 즉 전도서 12장 12절은 지혜 연구의 무익성을 의도한다기보다 지혜 연구를 하되 너무 지나친 열정에 몰입되어서는 안 된다는 점을 강조한다는 것입니다. 이런 점에서 지혜를 공부하지 않는 자신의 게으름을 정당화하기 위해 전도서 12장 12절을 인용하는 것은 전도서 12장 12절의 의도를 완전히 왜곡하는 것이라 하겠습니다.

여기서 우리는 인간이 지혜 탐구의 한계점에 도달할 때 반드시 기억해야 할 진리가 있음을 알 수 있습니다. 그것은 바로 하나님을 경외하며 그분의 말씀을 준수해야 한다는 것입니다. 그래서 12절 이후에 등장하는 13절에서도 지혜 탐구에 지나치게 몰입한 나머지 더 본질적인 진리를 놓칠 수 있음을 일깨우고 있는 것입니다.

"일의 결국을 다 들었으니 하나님을 경외하고 그의 명령들을 지킬
지어다 이것이 모든 사람의 본분이니라"

흥미롭게도 본 구절은 하나님을 경외하는 것과 그분의 명령('미쯔바')
을 준수하는 것을 서로 연결시킵니다. 여기서 본문의 저자가 하나님의
명령을 포함시킨 것은, 림버그(James Limburg)의 제안처럼, 이웃에 대한
계명을 암시하고 있는 듯합니다. 즉 하나님을 경외하며 이웃을 사랑하
라는 하나님의 계명에 담긴 균형 잡힌 정신을 다시 일깨우는 것입니
다. 그렇다면 하나님을 사랑하고 이웃을 사랑하는 것이야말로 하나님
께서 창조하신 인류의 존재 이유이자 목적이 아니겠습니까!
  끝으로 전도서 12장 12절의 이후 문맥의 마지막 구절인 14절은 하
나님을 심판자로 묘사하며 마지막을 장식합니다.

"하나님은 모든 행위와 모든 은밀한 일을 선악 간에 심판하시리라"

12장에서 하나님께서는 세 가지 이미지로 등장하십니다. 곧 12장 1
절에서는 창조주로, 12장 11절에서는 목자로, 그리고 12장 14절에서는
심판자로 등장하십니다. 이는 하나님께서 인류의 창조자이시며, 그 인
류에게 그분의 지혜를 계시하시는 목자이시며, 그 가르침에 따라 행
위를 판단하는 심판자이심을 나타냅니다. 그리고 선한 것과 악한 것
을 판단하는 기준은 바로 이전 구절인 13절에서 제시됩니다. 하나님

을 경외하며 그분의 말씀에 순종해야 하는 이유는 그것이 하나님께서 창조하신 인간들을 심판하시는 방식이기 때문입니다. 더욱이 그분의 심판은 숨겨진 모든 행위들에까지 미칠 것입니다. 비록 과거와 현재에는 죄악들을 숨길 수 있어서 심판받지 않는 악인들이 있다 하더라도, 미래에는 어떤 죄악들도 숨길 수 없을 것입니다. 비록 과거와 현재의 질서에서는 의인들이 고난당하며 악인들이 번성할 수 있겠지만 (7:15-18; 9:1-12), 장차 하나님께서 심판을 통해 왜곡된 질서를 바르게 교정하실 것입니다. 전도서 저자는 이렇게 하나님을 경외하며 그분의 말씀에 순종하라는 명령과 함께 종말론적인 심판을 강조하며 전도서를 마무리합니다.

문맥에 뿌리내린 적용

지금까지 전도서 12장 12절의 의미를 정확히 파악하기 위해 이 구절의 전후 문맥인 전도서 12장 9-14절을 간략하게 분석해 보았습니다. 전도서 12장 9-14절의 문맥에서 전도서 12장 12절의 의미는 자명합니다. 전도서 12장 12절은 지혜 연구의 무익성을 결코 주장하지 않습니다. 그보다 지나친 지혜 연구로 인한 부작용을 경계하는 것입니다. 따라서 오히려 연구하지 않는 나태함과 게으름에 빠져있는 자들에게 간접적인 경고가 될 수 있습니다.[34] 지나친 지성주의가 숭고한 종교적 감성과 체험에 때로 방해가 될 수 있는 반면, 잘못된 반지성주의적 태도는 정당한 연구의 중요성과 가치를 스스로 포기하는 오류를 범할 수 있습니다.

그런데 우리는 안타깝게도 이런 잘못된 반지성주의를 합리화하기 위해 전도서 12장 12절을 무분별하게 인용하거나 오용하는 사례들을 목도합니다. 특히 하나님의 말씀을 열심히 살피고 연구해야 할 신앙인들이 자신의 게으름을 정당화하기 위해 전도서 12장 12절을 남용하는 것은 본문의 의도를 심히 왜곡하는 일이라 하겠습니다. 마찬가지로 목회자들이 전도서 12장 12절을 염두에 두면서 본문에 대한 연구를 접어두고 영감(?)을 얻기 위해서만 애를 쓰는 우도 범해서는 안 됩니다. 오히려 전도서 12장 12절은 인간의 지식의 한계를 깨닫고 겸손히 하나님의 말씀에 귀 기울이는 참된 지혜자의 자세가 무엇인지를 일깨워줍니다. 실로 설교자의 권위는 연구태만의 게으름에서 벗어나 하나님의 말씀과 씨름하는 성실한 연구 자세를 통해 더욱 빛나게 될 것입니다.

16장
'계명성' 루시퍼는 사탄을 의미하는가?[35]

"너 아침의 아들 계명성이여 어찌 그리 하늘에서 떨어졌으며 너
열국을 엎은 자여 어찌 그리 땅에 찍혔는고"

_이사야 14장 12절

구약에서 가장 잘못 해석되거나 오해받고 있는 본문들 가운데 하나
는 단연코 '루시퍼'와 관련된 이사야 14장 12절일 것입니다. 이사야 14
장 12절은 '루시퍼'로 알려진 사탄의 정체를 매우 선명하게 설명해주
는 구약의 본문으로 널리 알려져 왔습니다. 실제로 필자가 처음 신앙
생활을 시작하던 고등부 시절 담당 전도사님은 루시퍼를 사탄의 이름
으로 강조하면서 이 루시퍼의 존재를 밝혀주는 본문으로서 이사야 14
장 12절을 종종 언급하곤 했습니다. 그래서 필자는 이 구절에 등장하
는 계명성이 사탄의 이름으로 알려진 '루시퍼'를 가리킨다고 믿기 시

작했고, 그 후 이 구절을 사탄의 정체를 알려주는 중요 본문으로 확신하기에 이르렀습니다.

원래 '루시퍼'라는 이름은 이사야 14장 12절에 등장하는 계명성의 라틴어 번역입니다. 라틴어 역본인 벌게이트(Vulgate) 성경은 계명성의 히브리어 '헬렐'을 '루시퍼(Lucifer)'로 번역하였고, 그 이후로 사탄의 이름은 점차 '루시퍼'로 불리게 되었습니다.[36] 요즘도 여러 음악의 가사나 일반도서의 내용 중에서 '루시퍼'라는 이름이 자주 등장하는 경우가 있는데, 이런 경우 대부분 루시퍼는 사탄의 이름으로 사용됩니다. 비단 이런 경향은 일반 문화에 그치지 않고 교회의 설교강단이나 성경 공부 모임에도 나타납니다. 그만큼 사탄을 루시퍼라고 부르거나 가르치는 일들이 지금도 많은 기독교 지도자들을 통해 무분별하게 행해지고 있는 것입니다.

그러나 이사야 14장 12절이 속한 이사야 14장의 문맥을 세밀하게 연구해 본 결과, 필자는 이 구절의 '계명성'을 사탄과 결부시킬 수 없으며, 루시퍼 또한 사탄의 이름이 아니라는 사실을 깨닫게 되었습니다. 오히려 이사야 14장의 문맥에 근거하여 이사야 14장 12절에 등장하는 '계명성'은 사탄이 아니라 교만한 바벨론 왕을 의미한다는 것을 확인할 수 있었습니다. '계명성'을 사탄으로 오해하는 작금의 문제들은 이사야 14장의 문맥에 대한 몰이해에서 비롯된 것입니다. 따라서 여기서는 먼저 이사야 14장 12절의 계명성을 사탄으로 해석하게 된 기독교의 역사적 배경을 잠시 살펴본 후, 이사야 14장의 문맥을 집중적으로 조명하고, 나아가 이런 문맥에 근거해 계명성의 올바른 의미를 살필 것입니다.

문맥으로 관찰하기

기독교 역사에서 이사야 14장 12절의 계명성을 사탄으로 해석하는 전통은 일찍이 초대 교부시대부터 시작되었습니다. 초대 교부 중 한 사람이었던 터툴리안(Tertullian, ca. A. D. 160-230)은 마르시온과 대적하기 위해 저술했던 그의 작품 『마르시온을 반박함(Against Marcion)』에서 사탄의 교만함을 묘사합니다. 그는 사탄이 하늘의 구름 속에 자리 잡고 '가장 높으신 자(the Most High)'처럼 행세한다고 말하면서 이사야 14장 14절("가장 높은 구름에 올라가 지극히 높은 이와 같아지리라 하는도다")을 인용합니다. 분명하진 않지만 아마도 터툴리안은 이사야 14장 12절의 계명성에 해당하는 히브리어 '헬렐'을 사탄에 대한 묘사로 이해했던 것 같습니다.

이사야 14장 12절의 계명성을 보다 분명하게 사탄으로 해석한 사람은 오리겐(Origen, ca. A.D. 185-254)이었습니다. 오리겐은 계명성('헬렐')을 누가복음 10장 18절의 표현("사탄이 하늘로부터 번개 같이 떨어지는 것")과 연결시켜서 사탄으로 이해합니다. 왜냐하면 이사야 14장 12절의 계명성 역시 높은 곳에서 갑자기 추락하는 존재로 묘사되기 때문입니다. 그리하여 제롬의 라틴역 성경(Vulgate 역본)에 등장하는 계명성의 라틴어 '루시퍼'

는 점차 계명성 그 자체의 의미보다 사탄의 고유명사로 인식되기에 이르렀습니다. 원래 라틴어 '루시퍼'는 '빛나는 별' 혹은 '샛별(the morning star)'을 뜻하는 일반명사였습니다. 이는 헬라어 구약성경인 70인역의 번역과 그 맥을 같이합니다.[37] 그러나 '루시퍼'라는 라틴어가 사탄으로 해석되면서 결국 이 단어는 사탄의 이름을 뜻하는 고유명사로 둔갑되고 말았습니다. 가령 NKJV에서도 계명성을 '루시퍼'라는 고유명사로 번역하고 있으며, 많은 사람들 또한 이 명칭을 '사탄'을 가리키는 표현으로 이해하고 있습니다.

하지만 '계명성'의 의미는 이사야 14장 12절의 문맥을 관찰할 때 명확해집니다. 이사야 14장 12절은 더 큰 맥락인 이사야 14장 3-23절에 속합니다. 따라서 이사야 14장 12절의 의미를 파악하기 위해서는 이사야 14장 3-23절의 구조적 맥락을 고찰하는 것이 필수적입니다. 이에 대해서는 많은 연구가 진행되어 왔지만, 대체로는 다음과 같은 구성으로 분석됩니다.

서론(3절)
독재자의 죽음으로 인한 평화(4b-8절)
독재자에 대한 지하 세계의 반응(9-11절)
독재자의 가식과 멸망(12-15절)
독재자의 버림받음(16-21절)
결론(22-23절)[38]

그러나 어떤 학자들은 전통적인 구조분석에서 벗어나 본문의 교차대구적 구조의 특징들에 관심을 보여 왔습니다.[39] 여기서는 그중에서 오콘넬(Robert H. O'Connell)의 구조분석을 간략히 소개하겠습니다. 오콘넬은 이사야 14장 4b-23절을 하나의 통일된 문예적 단락으로 간주하여 다음과 같이 분석합니다.

A 여호와께서 대적을 흩으시다(4b-5절)

　B 압제받는 자들에 대한 지배(6절)

　　C 온 땅이 안식과 평화를 누리다(7절)

　　　D 향나무와 레바논의 백향목

　　　"어느 누구도 우리를 자르지 못한다"(8절)

　　　　E 열방의 온 왕들의 놀라운 반응(9절)

　　　　　F 사망한 왕들의 빈정된 표현들(10절)

　　　　　　G "네 영화가 스올에 떨어졌음이여"(11절)

　　　　　　　AXIS1: 빈정되는 표현(12절)

　　　　　　　AXIS2: 우주적 산을 향한 공격(13-14절)

　　　　　　G′ "네가 스올에 떨어짐을 당하리라"(15절)

　　　　　F′ 사망한 왕들의 빈정되는 표현들(16-17절)

　　　　E′ 열방의 모든 왕들의 안정된 상태(18절)

　　　D′ "너는 가증한 가지 같고"

　　　"너는 칼에 찔려 …… 밟힌 시체 같도다"(19a-c절)

　　C′ "너는 너의 땅을 망하게 하였도다"(19f-20c절)

B′ 압제자들에 대한 지배(20d-21절)

A′ 여호와께서 대적을 흩으시다(22-3절)[40]

　이런 구조에서 오콘넬은 14장 12-14절을 전체 단락의 중심축으로 보며, 특히 14장 13-14절에 나오는 7가지 교만의 행위들이 그 이후 나머지 단락에서 역전된다고 주장합니다. 그에 따르면, A와 A′는 대적을 흩으시는 여호와를, B와 B′는 억압받는 자의 지배와 압제자의 지배를, C와 C′는 억압당하던 땅의 평화와 억압하는 땅의 파멸을, D와 D′는 보존되는 나무들과 버림당하는 가지들의 대조를 부각시킵니다. 또한 E와 E′는 사망한 왕들과 현재의 평화로운 상태를, F와 F′는 독재자의 움직일 수 없는 상태와 이전의 그의 상태를 대조시킵니다. 이와 같이 오콘넬은 이사야 14장 4b-23절이 12-14절을 중심축으로 하여 서로 대조를 이루는 주제들로 교차대구를 형성하고 있다고 주장합니다.[41]

　따라서 이사야 14장 3-23절의 메시지는 이사야 14장 12-14절에 축약되어 있다고 해도 무리가 아닙니다. 그리고 이런 구조분석에 따르면, 이사야 14장 3-23절의 문맥은 사탄과 전혀 상관없이 교만한 바벨론 왕을 비난하는 조소의 시임을 확인시켜 줍니다. 특히 이사야 14장 4절("너는 바벨론 왕에 대하여 이 노래를 지어 이르기를……")은 바벨론 왕을 직접적으로 언급하고 있으며, 22절("……그 이름과 남은 자와 아들과 후손을 바벨론에서 끊으리라……")도 바벨론 왕의 심판을 더욱 부각시킵니다. 이렇듯 이사야 14장 12절의 전후 문맥은 계명성이 사탄이 아니라 바벨론 왕을 가리키고 있음을 확증합니다.

다만 본문은 이 바벨론 왕이 구체적으로 누구인지 정확히 밝히지는 않습니다. 그렇다면 본문에서 저자가 비난하고 있는 바벨론 왕은 누구일까요? 이에 대해 학자들은 다양한 입장들을 제시해 왔는데, 첫째는 앗수르 왕 '디글랏 빌레셀(Tiglath-pileser III)'으로 보는 입장입니다. 헤이스와 어빈(J. H. Hayes and S. A. Irvine)은 '디글랏 빌레셀'이 스스로를 바벨론의 왕이라고 자칭한 것을 근거로 이사야가 '디글랏 빌레셀'을 바벨론 왕으로 간주했다고 주장합니다.[42] 둘째는 '느부갓네살' 혹은 '나보니더스'로 보는 입장입니다. 클레멘츠(R. E. Clements)는 이사야 14장에 등장하는 바벨론 왕이 '느부갓네살'을 가리키는 것으로 보는 것이 최상이지만, 그보다는 '나보니더스'일 가능성이 더 많다고 주장합니다.[43] 셋째로 스위니(Marvin A. Sweeney)와 같은 학자는 이 바벨론 왕을 '사르곤 2세(Sargon II)'로 간주합니다. 스위니는 사르곤 2세의 몸이 전쟁터에서 버려졌기 때문에 이사야 14장의 바벨론 왕을 앗수르의 왕 사르곤 2세로 해석합니다.[44] 끝으로 스미스(Gary V. Smith)는 바벨론의 왕 '므로닥발라단(Merodach-baladan)'을 이사야 14장의 바벨론 왕으로 간주합니다. 그는 이사야 13-14장의 배경이 이사야 39장 1-8절의 정치적 배경과 관련된다고 믿습니다. 왜냐하면 이사야 시대에는 바벨론이 이스라엘의 정치적 상황에 매주 중요한 나라로 부각되었는데, 그때가 특히 이사야 39장의 시기와 연관이 있다고 주장하기 때문입니다.[45] 그러나 오스왈트(J. N. Oswalt)는 앞서 제시된 모든 해석들이 단지 개연성만 있을 뿐 결코 확실한 근거가 될 수 없다고 단언하면서 이사야 14장에 묘사된 바벨론 왕의 정체를 구체적으로 규정하는 일은 무의미하다고 강조합니다. 그는 다음과 같이 말합니다.

신 바벨론의 어느 왕들도 잘 맞지 않으며, 이사야 시대의 앗수르 왕들도 마찬가지다. 비록 후자의 왕들이 이 시에서 묘사되는 백성들의 미움을 야기시킨 왕들이기는 하지만 말이다. 디글랏 빌레셀, 사르곤 그리고 산헤립이 스스로를 바벨론의 왕으로 소개했기 때문에 이사야가 이런 왕들 사후에 어떤 상징적인 인물을 정형화하는 일은 쉬웠을 것이다. 그러나 이사야가 어떤 한 특정한 사람을 염두에 두었다는 암시는 없다.[46]

필자는 이사야 선지자가 바벨론 왕이라는 표현을 사용했을 때 실제 어느 한 바벨론 왕을 염두에 두었을 것으로 추측합니다. 그러나 오스왈트의 주장대로 본문에서 그 왕의 정체가 구체적으로 나타나지 않기 때문에 이 왕의 신분을 정확히 규정하는 일은 불가능하다고 판단됩니다. 여하튼 중요한 점은 이사야 14장의 문맥과 그 논점을 파악하는 일입니다. 이사야 14장의 문맥은 바벨론 왕의 정체에 관심을 기울이지 않습니다. 오히려 이사야 14장의 논점은 교만한 바벨론 왕의 낮아짐과 수치에 있습니다. 그러므로 독자들이 관심을 기울여야 할 부분은 바벨론 왕의 정체가 아니라 교만한 그의 비극적인 운명입니다.

문맥에 뿌리내린 적용

앞서 살펴보았듯이 학자들마다 이사야 14장 12절의 계명성의 배경과 어원에 관해 서로 다른 입장을 취하지만, 이사야 14장 12절의 계명성을 사탄의 이름으로 해석하는 것에는 동의하지 않습니다. 그 이유는 이사야 14장 12절의 전후 문맥이 계명성을 사탄이 아닌 역사적인 어느 한 '바벨론 왕'으로 해석하도록 이끌기 때문입니다. 중세 교회의 알레고리 해석을 비판하며 본문의 역사적, 문법적 해석을 중요시했던 종교개혁가이자 성경주석가였던 칼뱅 또한 이사야 14장 12절의 계명성을 해석할 때 매우 주의가 필요하다고 강조합니다. 동시에 이 계명성을 사탄으로 취급해서는 안 되며, 반드시 바벨론 왕으로 해석해야 한다고 강하게 주장합니다.

이사야는 앞에서 죽은 자들이 살아서 말하는 것처럼 이야기를 계속하면서, 독재자는 사람들이 자신을 일종의 신으로 믿어 주기를 바라지만 다른 사람과 전혀 다를 것이 없다는 결론을 내린다. 그는 이 독재자를 '루시퍼'에게 비유하면서 새벽의 아들로 부른다. 그를 이렇게 묘사한 것은 그 독재자가 남보다 화려하고 밝게 단장하기 때문이다. 이 구절을 해석하면서 이것을 사탄으로 보는 사람도 있는데, 이것은 무지의 소치다. 앞뒤 문맥을 살피자면 이 말이 바벨론의 왕과 관련해서 말한다는 점이 명백하게 드러난다. 성경 구절을 아무렇게나 읽으며 문맥에 무관심하다 보면 그런 실수가 잦게 된다. '루시퍼'가 마귀의 왕이요 선지자가 여기서 그에게 이런 이름을 주었다고 상상하는 것은 참으로 무지의 소치다. 이런 추측은 타당성이 없으므로 그저 쓸데없는 우화로 넘겨버리도록 하자.[47]

이처럼 이사야 14장 12절의 계명성을 사탄으로 해석하고 적용하는 것은 이사야 14장의 전후 문맥과 의도를 완전히 벗어나는 일입니다. 그럼에도 불구하고 이사야 14장 12절의 계명성을 사탄으로 취급하거나 루시퍼를 사탄의 이름으로 사용하는 사례들이 아직도 계속되고 있음은 매우 안타까운 일입니다. 계명성은 사탄이 아니기 때문에 루시퍼는 사탄의 이름이 될 수 없습니다. 그러므로 이제 더 이상 루시퍼를 사탄의 이름으로 부르지 말도록 합시다.

17장
'성경'의 짝인가, '짐승'의 짝인가?

> "너희는 여호와의 책에서 찾아 읽어보라 이것들 가운데서 빠진 것
> 이 하나도 없고 제 짝이 없는 것이 없으리니 이는 여호와의 입이
> 이를 명령하셨고 그의 영이 이것들을 모으셨음이라"
>
> _이사야 34장 16절

한국 교회 목회자들과 성도들에게 널리 알려져 있지만 가장 잘못 해석하거나 오해하는 본문 중 하나가 이사야 34장 16절입니다. 필자는 종종 이사야 34장 16절에 나오는 "빠진 것이 하나도 없고"라는 표현이나 "제 짝"이라는 단어를 인용하면서 성경의 완전성을 강조하는 분들을 목격합니다. 심지어 어느 유명 신학교에서 가르쳤던 교수 출신의 목사님도 그의 저술에서 성경의 완벽함을 강조하기 위해 이사야 34장 16절을 언급하는 것을 본 적이 있습니다. 이런 문제는 비단 목회

자들에게서만 나타나는 것이 아닙니다. 교회의 중직을 맡은 성도들에게서도 이런 현상은 동일하게 나타납니다. 그들은 이사야 34장 16절에 등장하는 '짝'을 성경의 '짝'으로 이해하여 성경의 완벽한 조화를 강조하는 표현으로 이해하곤 합니다.

필자 역시 한 때에는 이사야 34장 16절에 나오는 '짝'을 성경의 '짝'으로 오해하여, 이 구절이 빈틈없는 성경의 완전성을 강조하는 본문이라고 착각한 적이 있었습니다. 그렇지만 이 구절의 전후 맥락을 조금만 상세히 살펴보아도 이 구절에 등장하는 '빠짐없는' 혹은 '짝'이라는 표현들이 성경의 완전성에 초점을 두지 않음을 금방 알 수 있습니다. 하지만 안타깝게도 이런 문제가 여러 목회자들의 설교나 성도들의 성경묵상에서 아직도 계속되고 있습니다. 더 큰 문제는 최근 들어 이구절이 이단들에 의해 잘못 해석되고 오용된다는 점입니다. 몇 년 전에 한 이단에서 오랫동안 활동하다가 그들의 잘못된 성경해석과 오류를 깨닫고 그 이단을 비판하는 일을 하고 있는 목회자 한 분을 만난 적이 있습니다. 그분은 한때 자신이 속했던 이단의 성경해석의 출발점이 이사야 34장 16절이라고 했습니다. 즉 그들은 성경을 해석할 때 중요한 단어들의 '짝'을 찾아야 하며, 그런 '짝 맞춤'이야말로 성경의 진리를 풀어가는 핵심이라고 주장한다는 것입니다. 다시 말해, 이사야 34장 16절에 등장하는 '짝'을 성경의 짝으로 규정해서 성경의 중요한 진리들을 나타내는 단어들의 '짝 맞춤'이 성경읽기의 핵심이라고 역설하는 것입니다.

그러나 과연 이사야 34장 16절에 등장하는 '짝'이 성경의 '짝'을 의미하는 것일까요? 이를 파악하기 위해서는 이사야 34장의 전체 문맥을 비롯해 그 속에서 이사야 34장 16절의 전후 문맥을 상세히 관찰해야만 합니다.

문맥으로 관찰하기

이사야 34장의 전체 구조는 1절에 등장하는 '오라'와 16절에 나오는 '보라'라는 명령형 동사가 이끄는 두 단락으로 크게 구분됩니다 (34:1-15; 34:16-17). 그리고 1-15절은 '실로' 혹은 '정말로'라는 뜻을 지닌 강조형 단어 '키'라는 히브리어가 2, 5, 6, 8절에 등장하면서 이 단락을 5개로 구분 짓습니다(개역개정성경에는 등장하지 않음). 이사야서를 연구하는 여러 학자들은 이사야 34장 1-15절의 첫 단락이 하나님의 다섯 가지 행위를 부각시킨다고 강조합니다.[48] 또한 이런 하나님의 행위는 에돔을 포함한 열방의 백성들에게 임할 하나님의 준엄한 심판을 강화시킨다고 말합니다. 그러므로 본문은 열방을 향한 하나님의 심판의 메시지를 전달하며, 그 심판이 장차 미래에 반드시 이루어질 것임을 역설하는 것으로 볼 수 있습니다.

이사야 34장 전체가 '열방을 향한 하나님의 심판'이라는 주제에 초점을 두고 있기 때문에, 16절도 자연스럽게 이런 주제의 맥락에 위치합니다. 그러면 16절에서 가장 많이 오해되고 있는 "이것들 가운데서 빠진 것이 하나도 없고 제 짝이 없는 것이 없으리니"라는 표현의 의미는 무엇일까요? 많은 목회자들은 이 표현 바로 앞에 등장하는 "너희는 여호와의 책에서 찾아 읽어보라"는 문장에 근거하여 곧이어 등장하는 '이것들'이라는 표현을 '여호와의 책', 곧 '성경'으로 해석합니다.

그러나 과연 '이것들'이라는 표현이 하나님의 말씀, 곧 성경을 의미하는 것일까요? 한글개역개정성경, NIV, NKJV, NASB에서 '이것들(these)'로 번역되는 단어는 그 대상이 누구인지 불분명합니다. 특히 '여호와의 책'은 단수형인데 반해 '이것들'은 복수형을 의미하기 때문에 '이것들'을 여호와의 책과 연결시키는 것은 무리가 있습니다. 물론 '이것들'이라는 표현이 복수의 성경의 내용들을 가리킨다고 주장할 수도 있지만, 본문의 문맥은 이런 해석을 지지하지 않습니다. 그렇다면 이사야 34장의 문맥에서 '이것들'은 무엇을 가리키는 것일까요? 본문의 문맥은 '이것들'이라는 표현이 16절 이전에 언급되는 '짐승들'임을 깨닫게 합니다. 그리하여 다음과 같은 번역본들은 이사야 34장 16절에 등장하는 '이것들'을 짐승들로 분명하게 소개합니다.

"주님의 책을 자세히 읽어 보아라. 이 짐승들 가운데서 어느 것 하나 빠지는 것이 없겠고, 하나도 그 짝이 없는 짐승은 없을 것이다. 주님께서 친히 입을 열어 그렇게 되라고 명하셨고 주님의 영이 친히 그 짐승들을 모으실 것이기 때문이다."(새번역)

"여호와의 책을 찾아서 읽어 보아라. 이 짐승들 가운데 하나도 빠진 것이 없겠고, 그 짝이 없는 짐승도 없을 것이다. 하나님께서 그 것들을 모으겠다고 친히 말씀하셨고 하나님의 영이 그것들을 모으셨다."(쉬운성경)

"Not one of these birds and animals will be missing, and none will lack a mate."(NLT)

그렇다면 위의 번역들의 타당성을 확인하기 위해 이사야 34장 16 절의 선행 단락들의 논점을 살펴보도록 합시다. 이사야 34장은 1-7절 에서 열방을 향한 하나님의 무서운 진노의 심판을 소개하는데, 특히 5 절과 6절에서는 구체적으로 '여호와의 칼'이라는 이미지를 등장시켜 심판의 메시지를 전합니다.

"여호와의 칼이 하늘에서 족하게 마셨은즉 보라 이것이 에돔 위에 내리며 진멸하시기로 한 백성 위에 내려 그를 심판할 것이라 여호 와의 칼이 피 곧 어린 양과 염소의 피에 만족하고 기름 곧 숫양의 콩팥 기름으로 윤택하니 이는 여호와를 위한 희생이 보스라에 있 고 큰 살륙이 에돔 땅에 있음이라"

그리고 8절부터는 열방의 민족들 가운데서도 특히 에돔에게 임할 하나님의 심판에 초점을 맞춥니다. 나아가 11-15절에서는 여호와의 심판의 날에 이방인들의 땅이 황폐하게 되어 짐승들의 처소가 되어버릴 것이라고 선언합니다.

한편 11-15절에서는 흥미롭게도 황폐해질 이방인의 땅에 거하게 될 짐승들의 다양한 목록들이 나열됩니다. 예를 들면, 11절에서는 당아새, 고슴도치, 부엉이, 까마귀가, 13절에서는 승냥이와 타조가, 14절에서는 이리, 숫염소, 올빼미가, 15절에서는 부엉이와 솔개가 언급됩니다. 그리고 그와 함께 15절에서는 솔개와 같은 짐승들이 각각 제 짝과 함께 그 땅에 거하게 될 것이라고 선언됩니다.

"부엉이가 거기에 깃들이고 알을 낳아 까서 그 그늘에 모으며 솔
개들도 각각 제 짝과 함께 거기에 모이리라"

그러므로 16절의 '이것들'은 바로 11-15절에서 언급되는 짐승들을 가리키는 것이 분명합니다. 좀 더 구체적으로 말하자면, 16절은 이방인의 땅들이 짝을 이룬 짐승들만이 거하게 되는 황폐한 처소가 될 것임을 선포하고 있는 것입니다.[49] 그렇다면 16절에 등장하는 '여호와의 책'은 무엇을 가리키는 것일까요? 학자들마다 다양한 견해가 있지만, '책'으로 번역된 히브리어 '세페르'가 좀 더 정확하게는 '두루마리'를 뜻하기 때문에, 이 단어는 11-15절을 포함하여 이방인의 심판의 메시지를 담고 있는 이사야의 예언의 두루마리를 의미한다고 볼 수 있습니다.

문맥에 뿌리내린 적용

이사야 34장 16절에 등장하는 '짝'은 문맥적으로 성경의 짝이 아니라 짐승의 '짝'입니다. 그런데 왜 여러 목회자들이나 성도들은 성경의 완전성이나 무흠함을 강조하는 본문으로 이 구절을 사용하는 것일까요? 왜 그들은 이 구절에 등장하는 '짝'을 성경의 짝으로 이해하는 것일까요? 이는 아마도 성경의 절대적 완전성을 신뢰하는 그리스도인들에게 이 구절이 눈에 쉽게 띄는 본문이기 때문일 것입니다. 그러다보니 이 구절의 전후 문맥을 고려하지 않은 채 여기에 등장하는 '짝'을 성경의 짝으로 쉽게 오해했을 가능성이 큽니다. 그러나 이 구절에 등장하는 '짐승의 짝'을 '성경의 짝'으로 잘못 해석하게 되면, 본문의 문맥을 통해 강조되는 '이방인을 향한 하나님의 심판과 그 약속의 확실성'에 대한 논점이 쉽게 무시되고 맙니다. 이처럼 문맥을 고려하지 않은 잘못된 해석은 심각한 적용의 오류를 낳게 합니다. 반면에 문맥에 기초한 해석은 올바른 적용을 가능케 합니다. 그러므로 문맥을 중요시하는 해석을 통해 본문의 의미를 드러내고 적절하게 적용하는 일은 무엇보다 중요한 일입니다.

정리하자면, 이사야 34장 16절을 읽고 해석하는 목회자들이나 성도들은 '빠짐없음'과 '짝'이라는 표현들이 '성경의 빠짐없음'과 '성경의 짝'이 아니라 '짐승의 빠짐없음'과 '짐승의 짝'을 가리킨다는 것과, 그럼으로써 이방인을 향한 하나님의 심판의 약속과 그 성취의 중요성을 강조하고 있음을 잊지 말아야겠습니다.

18장
이사야가 말하는 '이전 일'과 '새 일'은 무엇인가?

> "너희는 이전 일을 기억하지 말며 옛날 일을 생각하지 말라 보라 내가 새 일을 행하리니 이제 나타낼 것이라 너희가 그것을 알지 못하겠느냐 반드시 내가 광야에 길을 사막에 강을 내리니 장차 들짐 승 곧 승냥이와 타조도 나를 존경할 것은 내가 광야에 물을, 사막 에 강들을 내어 내 백성, 내가 택한 자에게 마시게 할 것임이라 이 백성은 내가 나를 위하여 지었나니 나를 찬송하게 하려 함이니라"
>
> _이사야 43장 18-21절

신앙생활을 오랫동안 해 왔던 그리스도인이라면 누구나 이사야 43 장 18-21절을 한번쯤은 읽어보았거나 설교를 들어보았을 것입니다. 뿐 만 아니라 이 구절과 관련된 성가곡도 성가대에서 많이 사랑받고 있어 서 많은 그리스도인들에게 특히 익숙한 본문이기도 합니다. 그런데 이 구절은 과거의 잘못들은 모두 잊어버리고 새로운 각오로 믿음 안에서 새출발하자는 뜻으로 설교되는 경우가 많습니다. 그런 점에서 한국 교회의 성도들이 연말과 새해를 맞이할 때마다 함께 드리는 송구영신 예배에서 이 구절이 목회자들의 설교에 자주 인용되는 것은 그리 놀라운 일이 아닙니다.

그러나 동시에 이 구절은 구약의 본문들 가운데서 가장 잘못 해석되거나 적용되고 있는 것들 가운데 하나이기도 합니다. 왜냐하면 이사야 43장 18-21절에서 묘사하고 있는 '이전 일'을 과거의 우리의 허물과 실수를 뜻하는 것으로, 그리고 '새 일'을 과거의 잘못에서 벗어난 우리의 긍정적인 미래를 강조하는 것으로 해석하고 적용하는 것은 본문의 문맥을 전혀 고려하지 않은 잘못된 해석과 적용이기 때문입니다. 그렇다면 과연 이사야 43장 18-21절의 전후 문맥에서 볼 때, 본문이 강조하고 있는 '이전 일'과 '새 일'은 무엇을 의미하는 것일까요?

문맥으로 관찰하기

이사야 43장 18-21절에서 이사야 선지자는 하나님께서 장차 바벨론을 심판하실 것이라고 예언합니다. 나아가 그는 바벨론을 향한 하나님의 심판은 바벨론에 포로로 있는 이스라엘 백성들을 향한 구원의 사건이 될 것이라고 말합니다. 그런데 여기서 놀라운 일은 하나님께서 바벨론에 포로로 있는 이스라엘 백성들을 구원하실 때에는 이전에 행하셨던 것과는 전혀 다른 방식으로 일하실 것이라는 사실입니다. 그렇다면 여기서 말하는 '이전의 일'은 무엇을 의미하는 것일까요? 이를 올바르게 이해하기 위해서는 본문의 이전 문맥을 먼저 고려해야 합니다. 특히 선행 근접 문맥에 해당하는 이사야 43장 14-17절을 살펴보는 것이 필요합니다.

"너희의 구속자요 이스라엘의 거룩한 이 여호와가 말하노라 너희를 위하여 내가 바벨론에 사람을 보내어 모든 갈대아 사람에게 자기들이 연락하던 배를 타고 도망하여 내려가게 하리라 나는 여호와 너희의 거룩한 이요 이스라엘의 창조자요 너희의 왕이니라 나 여호와가 이같이 말하노라 바다 가운데에 길을, 큰 물 가운데에 지름길을 내고 병거와 말과 군대의 용사를 이끌어 내어 그들이 일시에 엎드러져 일어나지 못하고 소멸하기를 꺼져가는 등불 같게 하였느니라"

여기서 말하는 '이전의 일'이란 바로 과거에 있었던 홍해 사건을 의미합니다. 하나님께서는 과거의 이스라엘 백성을 구원하시기 위해 한 가지 일을 행하셨습니다. 그것은 다름 아니라 홍해 가운데 길을 만드시어 이스라엘 백성을 건너가게 하신 일과 그들을 뒤쫓는 바로의 군대를 홍해 가운데서 몰살시키신 일이었습니다. 따라서 이사야 선지자가 본문에서 강조하고 있는 '이전 일'이란 바로 그 출애굽 사건, 특히 홍해의 구원사건을 의미하는 것입니다. 다시 말해, '이전 일'이란 애굽으로부터의 구원사건을 뜻합니다.

그렇다면 본문에서 강조하고 있는 '새 일'이란 무엇을 의미할까요? 그것은 하나님께서 바벨론의 포로가 된 이스라엘 백성을 그들의 손에서 구원하시는 것을 의미합니다. 과거 애굽의 종이었던 이스라엘 백성이 하나님의 능력으로 애굽으로부터 벗어나 가나안에 이르렀다면, 장차 바벨론의 포로로 잡혀갈 이스라엘 백성은 하나님께서 바벨론을 심판하실 때 바벨론으로부터 벗어나 다시 시온으로 돌아오게 될 것입니다. 다시 말해, 과거에 이스라엘 백성이 홍해를 건너서 애굽으로부터 구원을 받아 가나안에 이르게 되었다면, 새 시대에 이스라엘 백성은 사막과 광야를 건너서 바벨론으로부터 구원을 받아 시온으로 귀환하게 될 것입니다. 여기서 본문에 등장하는 '사막'과 '광야'는 시온으로 귀환할 때 만날 수 있는 '장애물'들을 상징합니다. 따라서 '사막'과 '광야'에 '물'과 '길'이 만들어진다는 것은 그런 장애물들이 제거될 것임을 의미합니다.

요약하자면 이사야 43장 18-21절에 묘사된 '이전 일'과 '새 일'은 과거의 출애굽의 구원과 미래의 출바벨론의 구원을 뜻하는 말로 사용되고 있음을 확인할 수 있습니다. 따라서 이사야 43장 18-21절의 논점은 명확합니다. 그것은 포로된 이스라엘 백성이 바벨론으로부터 나와서 시온으로 귀환할 때 여러 가지 장애물들을 만날 수 있겠지만, 하나님께서 친히 그런 모든 문제들을 제거하심으로써 그들로 하여금 시온으로 돌아갈 수 있도록 인도하실 것임을 강조하는 것입니다.

문맥에 뿌린 내린 적용

지금까지 이사야 43장 18-21절에 등장하는 '이전 일'과 '새 일'의 의미를 본문의 문맥에 근거하여 살펴보았습니다. 본문에 등장하는 '이전 일'은 과거의 우리의 허물이나 실수를 의미하는 것이 아니며, '새 일' 역시 미래의 우리의 변화된 모습이나 새로운 각오를 의미하는 것이 아닙니다. 만일 그와 같이 해석해서 이사야 43장 18-21절을 새 시대에는 과거의 잘못을 답습하지 말고 새로운 각오로 믿음 생활을 잘 해보자는 식으로 해석하여 설교하거나 적용한다면, 그것은 본문의 문맥에서 벗어난 잘못된 해석과 적용입니다. 그보다 앞서 살펴보았듯이 본문에서 강조하는 '이전 일'이란 과거에 이스라엘 백성을 위해 베푸셨던 하나님의 구원 사건(이스라엘의 출애굽 사건)을 의미하며, '새 일'이란 이런 과거의 하나님의 구원 역사가 새로운 시대에는 더욱 놀라운 방식으로 계속해서 이루어진다는 것(이스라엘의 출바벨론 사건)을 말합니다.

그러므로 '이전 일을 기억하지 말라'는 표현은 새 시대의 하나님의 구원의 역사가 과거와 똑같은 방식으로 진행되지 않을 것이며, 오히려 새로운 상황에 따라 새로운 방식으로 진행될 것임을 의미합니다. 마찬

가지로 과거 교회의 역사 속에서 다양한 방식으로 일해오신 하나님께서는 장차 그분의 교회를 위해 더욱 놀랍고도 오묘한 방식으로 그분의 구원 계획을 이루어 가실 것입니다. 또한 그와 같이 우리의 과거의 삶 속에서 우리가 예상치 못한 놀라운 방식으로 간섭하시고 역사하신 하나님의 손길은 우리의 미래의 삶 속에서 더욱 새로운 방식으로 일하실 것입니다. 그러므로 우리는 '이전 일'이 아니라 '새 일'을 행하실 하나님의 일하심을 언제 어디서나 고대해야 할 것입니다.

19장

하나님의 어머니 이미지는
어떻게 강조되어야 하는가?[50]

> "여호와께서 이와 같이 말씀하시니라 라마에서 슬퍼하며 통곡하
> 는 소리가 들리니 라헬이 그 자식 때문에 애곡하는 것이라 그가 자
> 식이 없어져서 위로 받기를 거절하는도다"
>
> _예레미야 31장 15절

성경에 등장하는 메타포(이미지)는 종종 본문이 전하고자 하는 메시
지의 의도를 강화시켜 그 의미를 더욱 선명하게 부각시킵니다. 예를
들어, 시편 23편에서는 하나님을 목자라는 메타포를 사용하여 묘사하
는가 하면, 호세아서에서는 바람난 아내를 끝까지 버리지 않는 남편이
라는 메타포를 사용하여 하나님을 묘사합니다. 이렇듯 하나님을 다양
한 메타포로 표현하는 구약의 묘사방식은 하나님의 성품의 다양성과
그 깊이를 풍성히 드러냅니다. 그런데 흥미롭게도 구약의 몇몇 본문들

에서는 하나님의 마음을 '어머니'의 심정에 비유하기도 합니다. 이는 분명 하나님의 여러 성품들 가운데 하나의 특징을 매우 구체적으로 드러내는 중요한 메타포임에 틀림없습니다. 그럼에도 일반 성도들은 하나님의 '어머니' 이미지의 중요성을 종종 쉽게 지나쳐버리는 경우가 많습니다. 이는 구약의 문화적 배경이 가부장 중심의 사회라는 점에서 자연스럽게 비롯된 '아버지'로서의 하나님의 이미지가 우리를 압도하기 때문일 것입니다. 또 한편으로는 '어머니' 이미지를 강조하면서 하나님의 '아버지' 호칭을 의도적으로 무시하려고 했던 일부 자유주의 신학의 영향 때문이기도 할 것입니다.

필자는 하나님을 3인칭 남성형으로 사용하는 히브리 본문의 의도를 수용한다는 점에서 '하나님 아버지'라는 호칭을 그대로 사용하는 것이 바람직하다고 생각합니다. 그러나 '하나님 아버지'라는 호칭 때문에 하나님의 '어머니' 이미지를 의식적으로 부정할 필요는 없다고 봅니다. 구약성경은 하나님의 여러 성품들을 묘사하기 위해 다양한 메타포들(예. 사자, 곰, 반석, 용사)을 사용하고 있는데, 그중에서도 어머니라는 메타포를 통해 하나님의 따뜻하고 애틋한 사랑을 묘사하고 있음을 결코 간과해서는 안 됩니다. 예를 들면, 선지자 호세아의 아들인 '로루하마'라는 이름에서 '루하마'는 여인의 자궁을 뜻하는 단어에서 파생된 단어로 자식을 향한 어머니의 사랑을 이미지화한 것입니다. 따라서 이념화된 신학 논쟁 때문에 성경이 분명하게 제시하고 있는 하나님의 '어머니' 이미지를 애써 외면하는 것은, 그야말로 구더기 무서워 장 못 담

그는 어리석음이라 할 수 있습니다. 그런데 이런 '어머니' 이미지를 강조하는 대표적인 구약본문이 바로 예레미야 31장 15절입니다. 이 구절에 나타난 하나님의 '어머니' 이미지는 이 구절의 전후 문맥을 관찰할 때 확연히 드러납니다.

문맥으로 관찰하기

예레미야 31장 15절은 예레미야 31장 15-26절이라는 더 큰 문맥에 위치합니다. 예레미야 31장 15-26절에는 다양한 시적 메타포와 수사적 용법들이 등장하는데, 특히 하나님의 '어머니' 이미지가 부각되고 있음이 눈여겨 볼만합니다. 예를 들면, 마튼스(Elmer A. Martens)는 예레미야 31장에서는 하나님의 사랑을 반영하는 다양한 그림 언어들이 사용되는데, 특히 15-26절에서는 하나님을 묘사하기 위해 다음과 같은 네 가지의 은유가 집중적으로 사용된다고 주장합니다.[51]

- 이스라엘의 아비-보호(1-9절)
- 하나님의 사랑 이스라엘의 목자-공급자(10-14절)
- 이스라엘의 어미-위로자(15-26절)
- 이스라엘의 언약 체결자-백성의 창조자(27-40절)

반면에 필자는 예레미야 31장 15절의 근접 문맥인 31장 15-22절의 구조를 라헬의 통곡과 에브라임의 탄식에 대한 하나님의 응답이라는 관점으로 분석합니다.

A 라헬의 통곡(15절)
　　B 라헬의 통곡에 대한 하나님의 응답(16-17절)
A′ 에브라임의 탄식(18-19절)
　　B′ 에브라임의 탄식에 대한 하나님의 응답(20-22절)

예레미야 31장 15절은 포로로 잡혀가는 이스라엘의 비극적 운명을 안타까워하시는 하나님의 마음이 자식을 떠나보내는 어미의 심정으로 그려집니다. 특히 이 구절에서 하나님의 마음이 슬픔에 빠진 라헬의 통곡으로 묘사되고 있는 것이 매우 흥미로운데, 그래서 여기서는 이에 관해 좀 더 구체적으로 살펴보겠습니다.

예레미야 31장 15절은 하나님의 슬픔으로 시작합니다. 특히 포로로 잡혀갈 이스라엘 백성의 참상을 라헬의 슬픔으로 묘사합니다. 따라서 이는 단순히 라헬이라는 역사적 개인의 슬픔이 아니라 모든 이스라엘 백성의 어머니들로 대변되는 상징적인 라헬의 슬픔을 의미합니다. 이 라헬이 포로로 잡혀가는 그녀의 자식들을 바라보며 라마에서 통곡하는 것입니다. 라마는 지금의 엘람이라는 곳으로서 예루살렘으로부터 북쪽으로 8㎞ 떨어져 있으며, 벧엘로 가는 에브라임 접경 근처에 있습니다. 그러나 이곳은 남 유다에 속해 있는 베냐민 지파의 영역으로(수 18:25), 유다 백성들이 바벨론으로 잡혀갈 때 집결되었던 장소이기도 합니다(렘40:1).

한편 역사적으로 라헬은 요셉과 베냐민의 어미였고, 에브라임과 므낫세의 조모였습니다. 특히 라헬의 아픔은 창세기에 나오는 베냐민의 출생 과정에서 잘 묘사됩니다.

> "그들이 벧엘에서 길을 떠나 에브랏에 이르기까지 얼마간 거리를 둔 곳에서 라헬이 해산하게 되어 심히 고생하여 그가 난산할 즈음에 산파가 그에게 이르되 두려워하지 말라 지금 네가 또 득남하느니라 하매 그가 죽게 되어 그의 혼이 떠나려 할 때에 아들의 이름을 베노니라 불렀으나 그의 아버지는 그를 베냐민이라 불렀더라"(창35:16-18)

그녀는 베냐민을 낳은 뒤 죽기 전에 그 아들의 이름을 '베노니', 즉 '내 슬픔의 아들'이라고 불렀습니다. 그러나 야곱은 그의 이름을 '베노니'에서 '베냐민', 즉 '내 오른 팔의 아들'로 바꾸었습니다. 실제로 라헬은 "자기가 야곱에게 아들을 낳지 못함을 보고 그 형을 투기하여 야곱에게 이르되 나로 자식을 낳게 하라 그렇지 아니하면 내가 죽겠노라"(창30:1)고 간청했었습니다. 그리하여 라헬은 자식을 갖게 되었지만 그 자식이 오히려 그녀에게 죽음의 고통을 안겨주었습니다. 바로 이러한 라헬의 슬픔이 예레미야 31장 15절에서 바벨론으로 끌려가는 이스라엘 자손들의 비극("자식이 없으므로")과, 이제는 더 이상 국가로서 존재할 수 없는 이스라엘의 현실의 아픔을 전달하는 극적인 방식으로 묘사되는 것입니다.

그러므로 본문에 묘사된 라헬은 모든 이스라엘 백성의 어머니를 대표하고 있음이 분명합니다. 또한 그것은 자식 때문에 슬퍼하는 어머니의 심정을 강조한 것입니다. 즉 자식과 생이별을 해야만 했던 어머니로서의 라헬의 심정이 바로 바벨론 유수를 바라보는 하나님의 심정이었던 것입니다. 그런데 이런 라헬로 대변되는 하나님의 어머니 이미지는 신약에서도 나타납니다. 특히 마태복음에서는 라헬의 슬픔을 헤롯왕의 유아살해와 연결시킵니다.

> "이에 헤롯이 박사들에게 속은 줄 알고 심히 노하여 사람을 보내어 베들레헴과 그 모든 지경 안에 있는 사내아이를 박사들에게 자세히 알아본 그 때를 기준하여 두 살부터 그 아래로 다 죽이니 이에 선지자 예레미야를 통하여 말씀하신 바 라마에서 슬퍼하며 크게 통곡하는 소리가 들리니 라헬이 그 자식을 위하여 애곡하는 것이라 그가 자식이 없으므로 위로받기를 거절하였도다 함이 이루어졌느니라"(마2:16-18)

그러므로 예레미야 31장 15절과 마태복음 2장 18절에 암시되는 라헬의 이미지는 아들 때문에 겪는 라헬의 슬픔이 상징적으로 계속 적용되고 있음을 시사합니다. 즉 자식으로 인한 고통은 바벨론 유수 사건에서 끝나지 않고 이후에도 계속된다는 것입니다. 그래서 훗날에 이스라엘의 유아들은 메시아를 받아들이지 못하는 유대인들의 불신앙 때문에 학살을 당하게 됩니다(마2:16-18). 이렇듯 자식으로 인한 라헬의 슬픔은 이스라엘의 죄로 말미암은 바벨론 포로와 메시아를 거부하는 불신앙으로 말미암은 유아학살에 대한 이스라엘의 어머니들의 슬픔으로 계속 적용됩니다.

정리하자면 라헬은 자식들 때문에 겪는 이스라엘 어머니들의 슬픔을 상징하며, 이 어머니들의 슬픔은 이스라엘 백성을 향한 하나님의 애달픈 심정을 전달합니다.

문맥에 뿌리내린 적용

예레미야 31장 15절에서 자식을 상실한 라헬의 눈물은 바벨론 포로로 잡혀가는 이스라엘의 비극을 시사합니다. 그래서 어쩌면 이스라엘의 역사는 라헬의 눈물의 역사라고 해도 과언이 아닐 것입니다. 바벨론 70년의 포로 생활, 그리고 연이은 페르시아와 헬라제국의 식민 통치와 주후 70년에 발생한 로마제국의 이스라엘 정복이 그러한 라헬의 눈물을 연상시킵니다. 특히 마태는 메시아를 거부하는 헤롯과 유대인들의 유아학살을 라헬의 눈물과 연결시킵니다(마2:16-18). 그럼에도 불구하고 마태는 도래하신 다윗의 후손이 새로운 이스라엘을 창조하시어 이러한 라헬의 눈물을 멈추게 하실 것이라고 강조합니다. 다시 말해, 예수 그리스도께서 그분의 새 백성들을 예레미야가 약속한 새 언약으로 인도하실 것이며, 그때 계속되어 온 포로의 비극이 마침내 종식될 것이라는 말입니다. 때문에 이스라엘의 실패와 비극적인 결과를 상징하는 라헬의 슬픔은 오직 다윗의 자손으로 오신 예수 그리스도 안에서만 궁극적으로 해결될 수 있는 것입니다.

한편 예레미야 31장 15절에서 라헬이라는 메타포를 통해 표현되는 하나님의 어머니 이미지는 자신의 잘못을 뉘우치는 자식을 향해 내장이 뒤틀리듯 애처로운 마음으로(렘31:20), 그리고 산모의 자궁처럼 포근하고 따뜻한 마음으로 품으시는 하나님의 무한하신 모성애적 사랑을 연상시킵니다. 어머니의 이미지로서 하나님께서는, 비록 그분을 떠났으나 그들의 잘못을 뉘우치고 다시 돌아오기를 결심하며 회복을 간구하는 이스라엘 백성을 향해 어머니와 같은 심정으로 그들을 자비와 긍휼로 이끄시며 새롭게 회복하실 것을 약속하십니다. 그런데 이와 같은 자식과 부모와의 아름다운 재회는 누가복음 15장 11-32절에 등장하는 탕자의 비유에서 아버지의 이미지를 통해 더욱 인상적으로 그려집니다. 즉 하나님께서는 오늘도 그분의 말씀을 떠난 현대의 탕자들이 그분의 품으로 다시 돌아오기만을 바라시며, 나아가 그들과의 아름다운 재회의 시간을 간절히 고대하십니다.

이렇듯 라헬의 아픔을 통해 어머니의 심정을 표현하는 예레미야의 표현방식은 모성애적 이미지로 그려지는 하나님의 성품을 극대화시킵니다. 그러므로 예레미야 31장 15절을 묵상하는 독자들은 하나님의 '어머니' 이미지를 거북하게 여길 것이 아니라 이런 이미지를 통해 나타나는 하나님의 긍휼과 사랑을 더욱 뜨겁게 고백해야 할 것입니다.

20장
다니엘 1장의 이야기는
채식의 중요성을 말하는가?

"다니엘은 뜻을 정하여 왕의 음식과 그가 마시는 포도주로 자기를 더럽히지 아니하리라 하고 자기를 더럽히지 아니하도록 환관장에게 구하니 하나님이 다니엘로 하여금 환관장에게 은혜와 긍휼을 얻게 하신지라 …… 다니엘이 말하되 청하오니 당신의 종들을 열흘 동안 시험하여 채식을 주어 먹게 하고 물을 주어 마시게 한 후에 당신 앞에서 우리의 얼굴과 왕의 음식을 먹는 소년들의 얼굴을 비교하여 보아서 당신이 보는 대로 종들에게 행하소서 하매 그가 그들의 말을 따라 열흘 동안 시험하더니 열흘 후에 그들의 얼굴이 더욱 아름답고 살이 더욱 윤택하여 왕의 음식을 먹는 다른 소년들보다 더 좋아 보인지라 그리하여 감독하는 자가 그들에게 지정된 음식과 마실 포도주를 제하고 채식을 주니라"

_다니엘 1장 8-16절

요즘 TV방송에서 가장 많이 등장하는 프로그램은 웰빙 음식과 관련된 것들입니다. 그런 프로그램들에서는 이름 꽤나 알려진 요리사들이 출현해 자신만의 요리 노하우를 앞 다투어 소개합니다. 그런데 이런 요리 프로그램들에서 공통적으로 중요시하는 부분이 건강입니다. 그래서 저마다 어떤 음식과 요리가 인체의 건강에 유익하며 장수에 도움이 되는가를 심도 있게 다룹니다. 그런데 이는 비단 일반 대중만이 아니라 그리스도인들에게도 큰 관심의 대상이 되고 있습니다. 미국의 경우 소위 "할렐루야 다이어트"라는 프로그램이 있는데, 여기서는 주로 육식위주의 식단에 반대하면서 채식위주의 식사를 통해 건강을 유지할 것을 권장합니다. 심지어 어떤 사람은 건강을 유지하는 식단비결이 성경에 구체적으로 제시되어 있다고 주장하기도 합니다. 이런 사람들이 가장 많이 인용하는 성경 본문이 바로 다니엘 1장입니다.

필자는 한국의 어느 대형교회 목사님의 설교에서 성경을 열심히 읽으면 건강에 유익한 정보를 얻을 수 있다면서, 특히 다니엘 1장에 등장하는 다니엘과 그의 친구들의 채식 이야기를 강조하는 것을 들은 적이 있습니다. 즉 다니엘 1장을 주의 깊게 읽어보면 성도들의 건강이 채식과 관련이 있다는 것이었습니다. 뿐만 아니라 성경에 나오는 인물들이 먹었던 음식이 건강에 좋다면서 대표적인 예로 에스겔, 다니엘, 세례요한 등이 먹었던 음식을 나열하곤 했습니다. 특히 다니엘이 육식을 하지 않고 채식을 했을 때 육식을 하던 때보다 더 건강하게 되었다며 거듭 채식의 중요성을 강조했습니다. 이 설교를 듣던 성도들은 모두 아멘으로 화답하며 채식을 통한 건강비결이 하나님의 뜻이라고 굳게 믿는 듯했습니다. 당시 그 목사님은 한국 교회에 꽤나 큰 영향력을 끼치고 있던 분이라 그 설교를 듣던 필자는 염려가 될 수밖에 없었습니다. 왜냐하면 그 목사님의 그런 생각이 그 교회 성도들만이 아니라 다른 교회의 성도들에게도 영향을 미칠 수 있었기 때문입니다.

그러나 과연 다니엘 1장이 육식이 아니라 채식의 중요성을 강조하는 것일까요? 다니엘의 채식이 단순히 건강을 위한 시도였을까요? 그렇지 않습니다. 다니엘 1장의 문맥을 자세히 살펴보면 다니엘의 채식이 건강의 이슈와 상관이 없음을 알 수 있습니다. 다니엘 1장은 우리에게 건강의 비결을 알려주는 건강지침서가 아닙니다. 그렇다면 다니엘 1장의 문맥에서 다니엘의 채식 이야기가 던져주는 핵심 메시지는 무엇일까요? 이를 위해 먼저 다니엘 1장의 구조와 중심 논점을 파악해보도록 하겠습니다.[52]

문맥으로 관찰하기

다니엘 1장은 바벨론 궁중에서 음식 문제로 어려움을 겪는 다니엘의 고통스런 시간들과 그런 시련을 극복하도록 다니엘과 함께 하시는 하나님의 간섭하심을 보여줍니다. 아래와 같은 구조는 다니엘 1장을 이해하는 데 더욱 도움을 줍니다.

A 바벨론에 의해 멸망당한 유다(1-2절)

  B 훈련 받기 위해 잡혀온 다니엘과 그의 친구들(3-7절)

    C 궁정에서의 시험(8-16절)

  B′ 훈련을 통과한 다니엘과 그의 친구들(17-20절)

A′ 바벨론과 페르시아에서 높임을 받은 다니엘(21절)

위의 구조에서 나타나듯이, 다니엘 1장은 1-2절과 21절이 각각 서론과 결론의 역할을 수행하며, 3-7절과 17-20절은 각각 다니엘과 그의 친구들의 삶에 초점을 두고 있으며, 끝으로 8-16절은 다니엘과 그의 친구들에게 닥친 위기를 부각시킵니다. 그러면 이런 구조를 통해서 드러나는 다니엘의 시험 이야기의 문맥과 그 핵심적 메시지는 무엇일까요? 이를 위해 먼저 다니엘 1장의 구조에 따라 문맥의 내용을 상세히 분석하면서 시험 이야기의 중심 메시지를 집중적으로 찾아보겠습니다.

A 바벨론에 의해 멸망당한 유다(1-2절)

다니엘 1장은 "유다 왕 여호야김이 다스린 지 삼 년이 되는 해에 …… 주께서 유다 왕 여호야김과 하나님의 전 그릇 얼마를 그의 손에 넘기시매 그가 그것을 가지고 시날 땅 자기 신들의 신전에 가져다가 그 신들의 보물 창고에 두었더라"(단1:1-2)는 문장으로 시작합니다. 여기서 2절에 등장하는 "그의 손에 넘기시매"라는 말은 다니엘서 전체의 목적과 의도를 암시하는 표현입니다. '넘기다'라는 히브리어 동사 '나탄'은 다니엘서에 반복해서 등장하는데, 특히 1장에서 거듭 등장합니다. 이로써 본문의 저자는 이스라엘의 멸망의 원인을 하나님의 섭리로 돌립니다. 즉 이스라엘이 바벨론에 의해 멸망당한 것은 하나님께서 이스라엘을 바벨론의 손에 넘기셨기 때문이라고 보는 것입니다. 바벨론은 단지 하나님의 심판의 도구에 불과했던 것입니다.

한 마디로 저자는 하나님께서 모든 역사를 주관하고 계심을 강조합니다. 비록 인간의 눈에는 바벨론 제국의 힘과 능력이 매우 놀랍게 보이겠지만, 실상 그 제국을 실질적으로 주관하시는 분은 바로 전능하신 하나님이십니다. 그런데 이와 같은 관점은 환란과 고난을 겪는 하나님의 백성들에게 매우 중요한 메시지를 전합니다. 즉 비록 그들이 이방 세계로부터 무수한 핍박과 고통을 겪을 수 있지만 모든 역사의 주관자가 하나님이시라는 사실을 기억할 때 현재의 고난을 믿음으로 이겨낼 수 있게 된다는 것입니다. 그러므로 다니엘 1장 1-2절은 다니엘서 전체의 서론 중에서도 서론에 해당하는 중요한 본문이라고 할 수 있습니다.

B 훈련 받기 위해 잡혀온 다니엘과 그의 친구들(3-7절)

바벨론의 왕은 이스라엘의 왕족과 귀족 출신의 몇몇 사람들을 훈련시켜서 왕궁의 일꾼으로 사용할 계획이었는데, 그들 가운데 다니엘과 그의 친구들도 포함되어 있었습니다. 이들의 훈련을 맡은 환관장은 제일 먼저 다니엘과 그의 친구들의 이름을 바벨론식으로 개명시킵니다. 그래서 '하나님은 나의 심판자'라는 뜻의 다니엘은 '벨(바벨론 만신전의 최고신 마르둑)이 그의 생명을 지키다'라는 뜻의 벨드사살로, '여호와는 자비로우시다'라는 뜻의 하나냐는 '아쿠(수메르의 달의 신)의 명령'이라는 뜻의 사드락으로, '하나님은 누구시냐?'라는 뜻의 미사엘은 '누가 아쿠이신가?'라는 뜻의 메삭으로, '여호와께서 도우셨다'라는 뜻의 아사랴는 '느보(마르둑신의 아들 나부)의 종'이라는 뜻의 아벳느고로 개명되었습니다. 이들의 새 이름은 모두 바벨론의 신들과 관련된 것으로, 이스라엘 백성의 정체성을 희석시키는 역할을 합니다. 특히 이들의 새 이름에서 암시된 신앙의 위기는 궁정의 훈련기간을 통해 더욱 구체적으로 나타납니다. 그들에게 닥친 가장 큰 신앙의 위기는 무엇일까요?

C 궁정에서의 시험(8-16절)

다니엘과 그의 친구들에게 찾아온 가장 큰 시험은 왕이 베푼 음식과 포도주 때문에 발생합니다. 바벨론 왕은 궁정관료로 훈련 받는 자들을 위해 특별히 정성스런 음식을 제공했습니다. 특히 5절에 등장하는 '왕의 음식'은 '파트박'이라는 히브리어로 '최상의 음식'을 뜻합니다. 그런데 이 음식은 다니엘과 그의 친구들은 먹을 수 없는 것들이었습니다. 왜 그랬을까요? 두 가지의 가능한 이유를 추론해 볼 수 있는데, 첫째로 이 음식들에는 구약의 율법이 금하는 부정한 것들이 포함되어 있었을 것입니다. 예를 들면, 부정한 식물이나 피가 있는 고기들이 음식으로 제공되었을 가능성이 있습니다. 둘째로 당시 포도주는 이 방신들에게 바쳐진 제물의 일부였을 가능성도 있습니다.

그러나 다니엘과 그의 친구들이 포로로 잡혀간 바벨론이라는 이방 세계는 구약의 율법을 인정하지 않는 곳이었습니다. 이런 점에서 다니엘과 그의 친구들이 부정한 음식 때문에 겪는 어려움은 부정한 이방 세계에서 하나님의 언약 백성들이 언제나 겪게 될 시험과 위기를 뜻한다고 볼 수 있습니다. 그렇다면 그들이 그 음식을 거절함으로 당하게 되는 어려움은 무엇일까요? 무엇보다도 왕이 특별히 준비한 진미를 거절한다는 것은 왕의 진노를 살 수 있음을 의미합니다. 즉 음식을 먹지 않는 것은 단순히 음식을 먹지 않는 것으로 끝나는 것이 아니라 그보다 혹독한 결과를 치러야 한다는 것입니다. 나아가 음식을 거절하는 순간 궁정에서의 보장된 삶은 더 이상 기대할 수 없게 됩니다. 물론 궁정에서의 훈련의 과정을 거친 후 더욱 높은 자리로 출세할 수 있는 기회까지 스스로 포기하는 것이 됩니다. 이와 같은 유혹과 위기의 상황에서 다니엘과 그의 친구들은 왕의 음식을 먹느냐 먹지 않느냐를 선택해야만 했습니다.

다니엘과 그의 친구들은 결국 타협보다는 신앙적 결단을 선택합니다. 그리하여 왕의 음식 대신 채소만을 먹게 해달라고 환관장에서 부탁합니다. 그런데 10일이 지난 후 놀라운 일이 일어납니다. 채소만을 먹은 다니엘과 그의 친구들의 얼굴 상태가 왕의 진미를 먹은 자들보다 비교할 수 없을 만큼 좋아 보였던 것입니다. 이런 결과는 신앙적 결단을 선택한 다니엘과 그의 친구들을 향한 하나님의 놀라운 섭리를 강조합니다.

B' 훈련을 통과한 다니엘과 그의 친구들(17-20절)

다니엘과 그의 친구들이 타협이 아니라 신앙적 결단을 선택했을 때, 하나님께서는 그들의 얼굴의 상태를 다른 이들보다 훨씬 더 좋게 하셔서 환관장을 놀라게 만드셨습니다. 더욱이 하나님께서는 위기의 순간에 그분을 믿고 신뢰한 다니엘과 그의 친구들에게 그분의 지혜를 주십니다. 이 지혜는 모든 환상과 꿈을 깨달아 알 수 있는 놀라운 능력으로서 오직 하나님께로부터 주어지는 것입니다. 그러면 누가 이런 지혜를 소유할 수 있을까요? 그것은 위기의 순간에도 오직 하나님만을 믿고 신뢰하는 자들에게 주어집니다. 결국 다니엘과 그의 친구들의 지혜는 모든 사람들보다 훨씬 뛰어났고, 그들로 하여금 높은 자리에 오르도록 하였습니다. 이는 고난 속에서 하나님만을 의지한 자를 신원하시는 하나님의 섭리를 강조합니다.

A' 바벨론과 페르시아에서 높임을 받은 다니엘(21절)

다니엘은 하나님의 지혜를 받아서 이방 세계에서 높임을 받았으며, 바벨론 제국뿐만 아니라 고레스가 다스렸던 바사(페르시아) 제국에서도 놀라운 활약을 합니다. 이처럼 다니엘 1장의 문맥은 위기의 순간에 하나님만을 의지했던 다니엘과 그의 친구들을 높이시며 그들을 사용하시는 하나님의 주권과 섭리를 강조합니다.

문맥에 뿌리내린 적용

앞의 구조에서 잘 나타나듯이, 다니엘 1장의 문맥의 중심은 다니엘
과 그의 친구들의 시험 이야기(C)입니다. 곧 다니엘과 그의 친구들이
어떤 시험을 당했고, 그런 시험의 과정을 어떻게 통과하고 극복했는
가를 부각시키는 것입니다. 그것은 왕의 음식을 먹는 것과 관련한 시
험이었으며, 그런 위기 앞에서 다니엘과 그의 친구들은 신앙적 결단과
행동을 보여주었습니다. 그러면 다니엘서의 첫 시작부터 다니엘과 그
의 친구들의 시험이 부각되고 있는 이유는 무엇일까요? 그것은 다니
엘과 그의 친구들의 이야기를 통해 장차 불신자들로부터 겪게 될 종말
의 환란의 시대를 바라보며 그런 핍박 속에서도 진정한 신앙인의 모습
이 어떠해야 하는가를 하나의 모델로 제시하기 위해서라고 할 수 있
습니다.

실로 다니엘과 그의 친구들은 부정한 음식을 먹을 것인가 아니면
거부할 것인가를 선택해야만 하는 기로에 서게 되었습니다. 만일 그
들이 부정한 음식을 거부한다면 어떤 일이 발생할까요? 왕이 특별히
배려하여 준비한 정성스런 음식을 거절한다면, 아마도 그들은 심각한
처벌을 받게 될 것입니다. 반면에 그들이 부정한 음식을 먹는다면 이

는 무엇을 의미할까요? 이는 그들이 언약의 말씀에 순종하지 않는 것이며, 부정한 이방인과 구별되어야 할 언약 백성으로서의 의무를 저버리는 것입니다. 또한 그러한 행동은 세상과의 적절한 타협을 의미합니다. 그러므로 왕의 음식을 먹느냐 먹지 않느냐의 문제는 신앙을 지킬 것인가 아니면 세상과 타협할 것인가의 문제와 직결됩니다. 이런 점에서 다니엘 1장의 채식 이야기의 문맥은 신앙을 포기하지 않고 언약의 말씀을 붙드는 자들을 끝까지 지키고 회복시키시는 하나님의 주권적 간섭과 신원하심을 강조하는 것이라 하겠습니다.

그러므로 다니엘 1장의 중심을 이루는 다니엘과 그의 친구들의 채식 이야기는 결코 건강을 위한 식단을 소개하는 건강 지침서가 아닙니다. 오히려 이 이야기는 세상과 타협하지 않고 신앙을 선택한 자들을 신원하시고 그들을 세상에서 높이시는 하나님의 주권을 부각시키는 것입니다. 이런 점에서 다니엘의 채식 이야기를 건강의 이슈와 연결시키는 것은 본문의 의도와 목적을 심각하게 왜곡시키는 결과를 초래합니다. 이는 우리의 관심사와 흥미에 따라 본문을 입맛대로 조정하는 일에 불과합니다.

실로 우리는 '웰빙'에 지나친 관심을 보이는 시대와 문화에서 살고 있습니다. 특히 먹을거리는 현대인들의 가장 큰 관심사가 아닐 수 없습니다. 이런 상황이다 보니 설교 중에 건강이나 건강식을 이야기하면 많은 성도들이 솔깃하고, 설교자들도 성경의 본문을 근거로 건강한 식생활의 중요성을 강조하곤 하는 것입니다. 그러면서 다니엘 1장의 채식 이야기가 마치 건강한 식생활의 대표적인 근거 본문인 양 인용됩니다. 그러나 거듭 말하지만, 다니엘 1장의 채식 이야기는 결코 건강의 이슈를 다루지 않습니다. 이 본문의 문맥의 초점은 세상과 타협하지 않고 하나님의 말씀에 순종하는 믿음의 자세입니다. 그러므로 다니엘서의 채식 이야기를 읽는 독자들은 건강을 위한 식단비결에 초점을 두는 것이 아니라 세상과 타협하지 않는 믿음의 결단과 그 의미에 관심을 기울여야 할 것입니다.

성경은 '가계의 저주'를 옹호하는가?[53]

> "여호와께서 호세아에게 이르시되 그의 이름을 이스르엘이라 하
> 라 조금 후에 내가 이스르엘의 피를 예후의 집에 갚으며 이스라엘
> 족속의 나라를 폐할 것임이라"
>
> _호세아 1장 4절

　한국 교회는 한 때 소위 '가계에 흐르는 저주'를 강조하는 잘못된
가르침으로 혼란을 겪은 바 있습니다. 지금은 이런 왜곡된 교훈들이
많이 잦아들었지만 아직도 사이비 계통의 집단들 가운데는 소위 조상
의 죄 탓으로 후손들이 고통 받는다는 비성경적인 가르침을 전하는 자
들이 있습니다. 이들은 자신들의 견해를 뒷받침하기 위해 여러 성경
본문들을 자의적으로 선택하여 주관적으로 적용하는데, 그중에서도
호세아 1장 4절의 다소 모호한 번역본들은 이런 잘못된 해석을 불러일

으키는 위험성을 내포하고 있습니다.

실제로 한글개역개정의 호세아 1장 4절에는 "이스르엘의 피를 예후의 집에 갚으며"라는 표현이 있는데, 이는 이스르엘에서 행한 예후의 피의 숙청 때문에 예후의 후손이 심판을 당하게 될 것이라는 뉘앙스를 던져줍니다. 그럴 경우 이 구절은 조상의 죄로 말미암아 후손이 고통을 당할 수 있음을 뜻하게 되며, 이에 따라 소위 '가계에 흐르는 저주'를 정당화하는 지지 본문이 될 수 있습니다. 그러나 정말로 호세아 1장 4절의 의미가 조상의 죄로 인한 후손의 심판을 정당화하는 것일까요? 그렇지 않습니다. 호세아 1장 4절의 문맥을 상세히 살피면 이 구절이 결코 조상의 잘못 때문에 후손이 심판 당한다는 의미를 전달하는 것이 아님을 깨달을 수 있습니다. 사실 이 구절의 해석의 열쇠는 예후 가문의 심판 원인이 누구에게 있는지를 규명하는 데 있습니다. 과연 예후 가문의 심판의 원인은 누구 때문일까요? 이를 위해 이 본문의 문맥을 살펴봅시다.

문맥으로 관찰하기

종종 본문의 의미를 보다 분명하게 이해하기 위해 다른 번역본들을 참고하는 것은 매우 유익한 일입니다. 그러나 호세아 1장 4절의 경우는 정반대입니다. 왜냐하면 호세아 1장 4절에 대한 한글 역본들과 영어 역본들은 예후 가문의 심판의 원인을 '이스르엘의 피 흘림'으로 돌리는 것처럼 보이는데, 이는 히브리어 본문의 의미를 정확하게 살리지 못하여 독자들에게 오히려 더 큰 혼란만 가중시키기 때문입니다.[54] 만일 이 역본들의 늬앙스대로 예후 가문의 심판의 원인을 이스르엘에서 행해진 아합 왕가를 향한 예후의 숙청 때문이라고 할 경우, 예후가 아합에게 행한 피의 숙청이 결국 예후의 후손들에게 미치고 있다고 보아야 합니다. 그러나 이런 해석은 아합의 왕가를 향한 예후의 숙청을 긍정하는 열왕기하 10장 30절의 관점과 상반되는 것입니다.[55]

> "여호와께서 예후에게 이르시되 네가 나보기에 정직한 일을 행하되 잘 행하여 내 마음에 있는 대로 아합 집에 다 행하였은즉 네 자손이 이스라엘 왕위를 이어 사대를 지내리라 하시니라"

열왕기의 저자에 의하면, 예후의 피의 숙청은 하나님께서 계획하신 심판의 일환입니다. 그러므로 예후의 피의 숙청 때문에 예후의 후손들이 심판을 당한다는 해석은 열왕기의 입장을 뒤집는 셈입니다. 이에 대해 어떤 학자들은 하나냐와 예레미야의 상반된 관점에 근거하여 9세기 선지자들과 호세아가 서로 다른 역사적 관점을 가지고 있다고 주장하지만,[56] 하나냐와 예레미야의 차이를 열왕기 저자와 호세아의 해석 차이로 연결시키는 것은 지나친 논리의 비약입니다.

이와 달리 호세아서를 연구하는 많은 학자들은 예후 가문의 심판의 원인을 이스르엘에서 발생한 예후의 숙청으로 해석하는 입장에 부정적인 반응을 보입니다. 예를 들면, 앤더슨과 프리드맨(Francis I. Ancersen & David Noel Freedman) 같은 학자들은 예후의 잘못으로 후대의 자손들이 심판을 받는다는 해석은 타당성을 상실한다고 결론짓습니다. 오히려 그들은 호세아 1장 4절에 등장하는 예후 가문의 심판의 원인을 이스르엘에서 심판을 받았던 오므리 왕조와 동일한 전철을 밟는 예후 가문의 부패와 타락에서 찾습니다. 그들은 다음과 같이 진술합니다.

> 오히려 호세아는 하나님께서 예후를 통해 아합과 그의 가족에게 행하셨던 것과 동일한 이유로 여로보암과 그의 가족에게 행하실 것임을 말하고 있는 것이다. 여로보암이 아합의 전철을 밟고 있다는 호세아의 생각은 엘리야가 아합에게 사용한 언어(왕상18:18)를 호세아가 여로보암에게 적용하는 데서 드러난다. 여로보암은 예후를 닮지 않고 오히려 반대로 행하여 정죄를 당한다. 여로보암은 그의 증조부의 선행에 반역을 행하는 자였다. 그는 바알 신당과 숭배자들을 제거했던 여호와를 향한 예후의 열심을 따르지 않았다.[57]

예후의 후손들이 심판을 당하는 이유는 무엇입니까? 그것은 그들의 선조인 예후가 이스르엘에서 아합의 피를 흘렸기 때문이 아닙니다. 그보다는 이스르엘에서 예후에 의해 피 흘림을 당했던 오므리 왕가의 죄악을 그들이 그대로 답습했기 때문입니다. 그리하여 호세아 1장 4절은 오므리 왕가에게 임했던 피의 심판이 오므리 왕가의 죄악의 전철을 그대로 따르는 예후의 후손들에게 임할 것이라고 경고하는 것입니다. 그렇다면 피의 심판을 당할 수밖에 없는 예후의 후손들의 죄악은 어디서 찾을 수 있을까요? 그것은 호세아 1장 4절의 이전 문맥인 호세아 1장 1절인데, 이 구절에서 우리는 예후 가문이 심판받는 원인을 알수 있는 중요한 실마리를 얻을 수 있습니다. 호세아 1장 1절은 호세아가 사역했던 시대의 왕들을 다음과 같이 열거합니다.

> "웃시야와 요담과 아하스와 히스기야가 이어 유다 왕이 된 시대
> 곧 요아스의 아들 여로보암이 이스라엘 왕이 된 시대에 브에리의
> 아들 호세아에게 임한 여호와의 말씀이라"

위에 등장하는 왕들의 이름에는 한 가지 특이한 점이 있습니다. 호세아는 북이스라엘에서 활동한 선지자로서 여로보암 2세 때부터 마지막 왕인 호세아 때까지 사역했습니다. 그런데 호세아 1장 1절에서는 유다의 왕들의 이름을 세 명이나 언급하는 반면, 북이스라엘의 왕들은 여로보암 2세만 소개합니다. 그러면 호세아가 북이스라엘에서 활동한 선지자인데도 북이스라엘의 왕을 단 한명만 언급하는 이유가 무엇일까요? 그것은 호세아서 전체의 문맥을 통해서 파악될 수 있습니다. 호세아는 무엇보다 여로보암 2세를 북이스라엘의 정통성을 지닌 마지막 왕으로 간주합니다. 왜냐하면 여로보암 2세 이후의 왕들은 하나같이

하나님의 뜻과 상관없이 암살을 동반한 인간들의 쿠데타와 정변에 의해 세워졌기 때문입니다. 다시 말해, 호세아는 예후의 왕가가 여로보암 2세 이후에 정통성을 상실했다고 보았던 것입니다. 이것은 예후 왕조의 죄악상이 극에 달했음을 의미하는 것이기도 합니다. 이와 관련해 당시 왕궁에서 발생한 반란과 음모를 적나라하게 묘사하는 다음과 같은 호세아의 표현은 눈여겨 볼만합니다.

"내가 이스라엘을 치료하려 할 때에 에브라임의 죄와 사마리아의 악이 드러나도다 그들은 거짓을 행하며 안으로 들어가 도둑질하고 밖으로 떼 지어 노략질하며 내가 모든 악을 기억하였음을 그들이 마음에 생각하지 아니하거니와 이제 그들의 행위가 그들을 에워싸고 내 얼굴 앞에 있도다 그들이 그 악으로 왕을, 그 거짓말로 지도자들을 기쁘게 하도다 그들은 다 간음하는 자라 과자 만드는 자에 의해 달궈진 화덕과 같도다 그가 반죽을 뭉침으로 발효되기까지만 불 일으키기를 그칠 뿐이니라 우리 왕의 날에 지도자들은 술의 뜨거움으로 병이 나며 왕은 오만한 자들과 더불어 악수하는도다 그들이 가까이 올 때에 그들의 마음은 간교하여 화덕 같으니 그들의 분노는 밤새도록 자고 아침에 피우는 불꽃 같도다 그들이 다 화덕 같이 뜨거워져서 그 재판장들을 삼키며 그들의 왕들을 다 엎드러지게 하며 그들 중에는 내게 부르짖는 자가 하나도 없도다"(호7:1-7)

예후 가문이 심판을 당하는 이유는 그들의 조상 탓이 아닙니다. 예후 가문의 심판은 오므리 왕가의 죄의 전철을 밟았던 그들 자신의 죄악 때문입니다. 살인과 증오를 동반한 피의 쿠데타로 점철된 예후 왕조의 말로는 결국 멸망 그 자체였습니다. 결론적으로 이런 문맥적 관찰에 따르면, 호세아 1장 4절에서 예고되는 예후 가문의 심판은 이스르엘에서 발생한 예후의 피의 숙청 때문이 아니라, 오므리 왕조의 죄를 그대로 답습함으로 이스르엘에서 피의 심판을 받은 오므리 왕조와 같이 그들도 피의 심판을 당하게 될 것임을 강조하는 것입니다.

예후 가문의 심판 원인을 규명하는 데 중요한 열쇠가 되는 또 한 가지는 호세아 1장 4절에서 '갚다'로 번역되는 히브리어 동사 '파카드'의 용법입니다. 주로 '심판하다(punish)' 또는 '갚다(avenge)'로 번역되는 이 단어는 '~때문에 ~를 심판하다'라는 의미도 있지만, '~으로 ~을 심판하다'라는 의미도 전달합니다. 그런데 호세아 1장 1절의 문맥을 고려해 볼 때, 호세아 1장 4절의 '파카드' 동사는 후자의 뜻을 전달한다고 볼 수 있습니다. 즉 여기서 '파카드'의 의미는 전자의 용법처럼 이스르엘에서 행한 예후의 피의 숙청 때문에 예후의 후손을 심판한다는 뜻이 아니라, 후자의 용법처럼 예후에 의해 이스르엘에서 피 흘림을 당했던 오므리 왕조와 같은 방식으로 예후의 가문을 심판한다는 뜻을 전달한다는 것입니다.

이처럼 예후 왕조의 심판 원인을 예후 왕조의 타락으로 해석하는 입장을 취할 때, 우리는 예후의 숙청을 승인하는 열왕기하 10장 30절과 호세아 1장 4절의 입장이 서로 상반되지 않음을 발견할 수 있습니다. 비록 어떤 번역본들은 예후 왕조의 심판의 원인을 이스르엘에서의 숙청으로 해석하지만, 그보다는 예후 왕조의 타락에서 찾는 입장이 더 적절합니다. 실제로 예후는 피의 숙청으로 그의 왕조를 시작했음에도 불구하고 예후와 그의 왕조 역시 오므리 왕조가 행했던 악행을 그대로 범합니다(왕하10:31). 그리고 그로 말미암아 하나님께서는 호세아를 통해 오므리 왕조에게 하셨던 것과 같은 방식으로 예후 왕조를 심판하실 거라고 선포하시는 것입니다. 칼뱅도 그의 호세아서 주석에서 예후 왕조의 심판의 원인을 아합과 같은 악행을 저지른 예후 왕조의 타락으로 규정합니다. 그는 다음과 같이 올바르게 지적합니다.

> 그러므로 본문 전체의 의미는 "너희들은 이스라엘 백성이 아니라 이스르엘 백성이다." …… 그 의미는 "너희는 야곱의 후손이 아니라 이스르엘 백성이다."라는 것이다. 곧 "너희는 타락한 백성이요, 아합 왕과 다를 것이 전혀 없다. 그는 저주를 받았고, 그가 통치하는 왕국도 저주를 받게 되었다. 너희가 변화되어 있느냐? 무슨 종교개혁이 일어났느냐? 그러므로 너희가 죄악 중에서 고집을 부리고 있기 때문에 비록 너희가 교만하게 야곱의 이름을 내세우고 있으나 너희에게는 그러한 영예가 돌아갈 만한 가치가 없다. 그러므로 내가 너희를 이스르엘 백성이라고 부른다."[58]

문맥에 뿌리내린 적용

한국 교회를 한동안 시끄럽게 했던 소위 '가계저주론'은 죄의 본질을 정확하게 직시하지 못하게 하며, 그리스도의 대속을 통한 용서의 복음도 오해하도록 만듭니다. 더욱이 이런 거짓 메시지가 잘못된 본문 해석 및 전용을 통해 확산될 때, 성도들은 더욱 혼란에 빠지게 됩니다. 호세아 1장 4절이 그런 경우인데, 이 구절은 언뜻 보기에 조상의 죄로 인한 후손의 심판을 강조하는 것처럼 보입니다. 그러나 이 구절은 결코 그런 '가계저주론'을 지지하지 않습니다. 오히려 오므리 왕조의 죄를 답습하는 예후 왕조의 죄악을 더욱 부각시킵니다. 그러기에 호세아 1장 4절을 설교하는 목회자들은 조상의 죄 때문에 후손들이 심판을 당할 수 있다는 의미로 이 본문을 가르쳐서는 안 됩니다. 오히려 조상의 길을 그대로 따라가는 후손의 죄악상에 초점을 두어야 합니다.

22장

여호와를 아는 지식의 결핍은
누구의 책임인가?[59]

> "내 백성이 지식이 없으므로 망하는도다 네가 지식을 버렸으니 나
> 도 너를 버려 내 제사장이 되지 못하게 할 것이요 네가 네 하나님
> 의 율법을 잊었으니 나도 네 자녀들을 잊어버리리라"
>
> _호세아 4장 6절

문맥을 벗어난 피상적 성경읽기는 때때로 독자가 의도하든 안 하든 간에 본문의 의미를 완전히 왜곡시킬 수 있습니다. 가령 우리에게 널리 암송되는 호세아 4장 6절에 나오는 "내 백성이 지식이 없으므로 망하는도다"와 같은 표현이 이런 피상적 성경읽기의 문제로 대두되는 것 중 하나입니다. 이 구절은 흔히 하나님의 말씀을 올바로 깨닫지 못하는 성도들의 우매함과 어리석음을 강조할 때 사용됩니다. 필자 역시 교회의 청년부 시절에 청년부 회원들과 함께 호세아서를 묵상할 때 이

구절을 이런 방식으로 적용하여 하나님의 말씀을 알기 위해 노력하지 못한 자신을 반성하며 회개하는 시간을 가지기도 했습니다. 그러나 과연 호세아 4장 6절은 하나님을 아는 지식의 결핍의 원인이 이스라엘 백성에게 있음을 강조하는 것일까요?

흥미롭게도 호세아 4장 6절의 문맥적 관찰에 따르면,[60] 여호와를 아는 지식의 결핍의 문제가 단순히 이스라엘 백성 때문이 아님을 발견할 수 있습니다. 물론 어떤 이들은 여전히 여호와를 아는 지식의 결핍의 원인을 이스라엘 백성에게서 찾기도 합니다. 하지만 호세아 4장 6절의 문맥은 결코 그런 입장을 뒷받침하지 않습니다. 오히려 여호와를 아는 지식의 결핍의 문제를 이스라엘의 지도자에게 돌리고 있습니다. 다시 말해, 호세아 4장 6절에서 하나님의 백성이 지식이 없어 망하게 된 이유는 이스라엘의 지도자로 인식되는 제사장의 직무태만 때문이라는 것입니다. 즉 하나님의 말씀을 바르게 가르치고 전해야 할 제사장이 자신의 직무를 온전히 수행하지 않았기 때문에 백성들이 하나님의 말씀에 대해 올바른 지식을 갖지 못했다는 것입니다. 그러므로 호세아 4장 6절에서 하나님을 아는 지식의 결핍의 원인은 일반 백성들에게서가 아니라 하나님의 말씀을 맡은 제사장들에게서 찾아야 합니다. 그럼 이제부터 호세아 4장 6절에 나타난 하나님을 아는 지식의 결핍의 원인이 누구에게 있는지 정확하게 살펴보겠습니다.

문맥으로 관찰하기

여호와를 아는 지식의 결핍의 원인이 누구에게 있는지를 알아보기 위해서는 먼저 호세아 전체의 대략적인 구조[61]와 아울러 호세아 4장 6절의 전후 문맥을 살펴볼 필요가 있습니다.[62] 호세아서의 전체 구조는 크게 전반부(1-3장)와 후반부(4-14장)로 구분될 수 있습니다. 따라서 호세아 4장은 호세아서 후반부의 첫 도입부로서 불순종한 이스라엘과 제사장 그룹에 대한 심판의 메시지의 첫 시작을 알립니다.[63]

특히 제사장에 대한 비난에 초점을 두고 있는 호세아 4장 4-10절에 속하는 호세아 4장 6절은 여호와를 아는 지식의 결핍의 문제를 심각하게 다룹니다. 그러나 정작 이 지식의 결핍의 원인이 무엇이며, 근본적으로 누구의 책임 때문인지를 분명하게 밝히지 않습니다. 피상적으로 보면 마치 비난의 대상이 일반 백성인 듯합니다. 그러나 호세아 4장 6절의 메시지를 듣는 대상을 정확하게 알려면 이 구절이 속해 있는 호세아 4장 4-10절의 수신 대상이 누구인지를 파악해야 합니다. 만약 메시지를 듣는 대상이 이스라엘 백성이라면 하나님을 아는 지식의 결핍의 원인을 일반 백성에게서 찾을 수 있지만, 메시지를 듣는 대상이 제사장이라면 이 지식의 결핍의 원인을 제사장에게서 찾아야 합니다. 따라서 하나님을 아는 지식의 결핍의 원인을 규명하는 데 가장 중요한 것은 호세아 4장 4-10절에서 선지자의 메시지를 듣는 대상이 누구인가에 달려 있다고 볼 수 있습니다. 과연 호세아 4장 4-10절의 청중, 즉 수신 대상은 누구일까요?

구약을 연구하는 학자들은 구약의 본문들 중 번역하기 가장 까다로운 책으로서 호세아서를 지목합니다.[64] 그중에서도 호세아 4장 4-10절은 가장 난해한 본문 중 하나로 손꼽힙니다.[65] 특히 호세아 4장 4-10절의 청중/대상이 누구인지를 파악하기가 어렵습니다. 심지어 번역본들도 저마다 다른 해석을 제시하며 혼란을 가중시킵니다. 그런데 학자들마다 다양한 견해를 제시하지만, 앞서 언급한 대로 그 대상의 정체에 관해서는 대체로 이스라엘 백성으로 보는 견해와 제사장으로 보는 견해로 나누어집니다.

정중호 교수는 호세아 4장 1절에 등장하는 '들으라'는 요청이 호세아 5장 1절에도 동일하게 등장하고 있다고 지적하면서 호세아 4장 전체를 하나의 예언 단위로 보아야 한다고 주장합니다.[66] 또한 이스라엘을 청중으로 지칭하는 모습이 호세아 4장 1절과 호세아 4장 15-16절에 동일하게 등장한다는 점에 주목해서 호세아 4장 전체가 이스라엘 청중을 향해 전달된 하나의 단위라고 강조합니다. 따라서 그에 따르면, 호세아 4장 4-10절의 청중도 제사장이 아니라 이스라엘 백성이 됩니다. 이와 관련해 그는 이렇게 주장합니다.

4-19절이 제사장과 제의에 관한 심판 예언이라는 주장이 있으나 이는 잘못된 주장이다. 왜냐하면 4, 6, 9절에 제사장이라는 단어가 나타나지만 제사장을 향해서 말하거나 제사장을 비판하는 말

은 아니다. 4장 전체는 일관성 있게 청중인 이스라엘 백성을 향한 말씀이다.[67]

이와 같이 호세아 4장 4-10절의 대상을 이스라엘 백성으로 간주하는 학자들은 이 구절이 제사장과 같은 지도자들의 가르침에 반역하는 이스라엘 백성의 교만을 지적하고 있는 것이라고 주장합니다.[68] 만약 그렇다면 자연스럽게 호세아 4장 6절의 대상도 이스라엘이 되어야 합니다. 그러나 호세아 4장 4-6절에서 '제사장'이라는 특정 대상이 소개되고 있기 때문에 호세아 4장 4-6절의 청중/대상을 이스라엘로 규정하는 시도는 설득력을 상실합니다.

특히 "장차는 백성이나 제사장이나 동일함이니라"는 호세아 4장 9절의 표현은 백성들의 지도자로서 본을 보여야 할 제사장이 백성들로부터 구별되지 못하고 있음을 지적하고 있기 때문에, 여기서 언급된 제사장은 민족 이스라엘이 아니라 개개의 제사장을 가리킴이 분명합니다. 이렇듯 호세아가 4장 6절과 4장 9절에서 '제사장'이라는 단어를 사용하고 있음을 감안할 때, 호세아의 메시지를 듣는 청중은 분명 제사장임에 틀림없습니다.[69] 특히 하나님의 지식의 결핍의 문제를 지적하는 호세아 4장 6절의 청중은 분명 제사장으로 이해되어야 합니다.

호세아 4장 6절의 선행 구절인 호세아 4장 5절의 구조 또한 호세아 4장 6절의 청중의 정체가 누구인지 파악할 수 있게 합니다. 호세아 4장 5절은 선지자와 더불어 하나님의 말씀을 맡은 제사장의 심각한 문제점을 여실히 드러냅니다.

> "너는 낮에 넘어지겠고 너와 함께 있는 선지자는 밤에 넘어지리라
> 내가 네 어머니를 멸하리라"

이 구절은 '넘어지다'라는 표현과 '낮과 밤'이라는 표현을 병행시키면서 아래와 같이 이스라엘의 대표적인 두 지도자층의 죄악상을 강조합니다.

A 넘어지겠고
    B 낮에
A′ 넘어지리라
    B′ 밤에

여기에 반복해서 등장하는 '넘어지다'라는 히브리어 동사 '카샬'은 '흔들리다' 혹은 '비틀거리다'라는 의미를 갖습니다. 즉 '넘어지다'는 단순히 실수로 넘어진다는 의미보다 정신을 잃어버릴 정도로 걷지 못하고 '비틀거리며 넘어지는' 상태를 뜻하는 것으로, 술에 만취된 모습을 연상시킵니다. 그러므로 이 구절에서 '너'로 표현되는 청중은 선지자와 함께 비틀거리며 넘어지는 자들로서 문맥상 이스라엘 백성보다는 제사장으로 보는 것이 자연스럽습니다. 실로 이스라엘의 지도자층

에 해당하는 제사장과 선지자가 주야로 비틀거리며 넘어지는 현실이
야말로 이스라엘의 영적인 상태를 암시합니다.[70]

호세아 4장 5절이 제사장들의 비틀거림과 그에 따른 영적 타락상을
보여준다면, 호세아 4장 6절은 그들의 타락이 어떤 결과를 초래하는
지를 보여줍니다. 제사장들의 타락은 결과적으로 하나님의 백성들이
그분의 말씀에 대한 지식을 알지 못하는 비극을 초래하였습니다. 제사
장들의 중요한 임무 가운데 하나는 하나님의 율법을 그분의 백성들에
게 바르게 가르치는 것이었습니다. 그러나 그들은 술에 취하고 방탕한
삶에 탐닉함으로써 하나님의 율법을 올바로 교육하고 가르쳐야 하는
그들의 사명을 잊어버렸습니다. 그리고 그로 말미암아 이스라엘 백성
들 역시 하나님에 대한 지식을 알지 못하는 상태에 이르게 되었습니
다. 이렇듯 호세아 4장 6절은 영적 지도자들의 직무태만이 곧바로 백
성들의 영적인 수준에 영향을 미친다는 점을 보여줍니다(말2:7-8 참조).
제사장들이 여호와의 율법을 버렸기 때문에, 그들은 결국 제사장으로
서의 신분을 보장받지 못할 것입니다.

한편 본문은 아마도 호세아가 초창기에 사역했던 여로보암 2세의
시대를 반영하는 것 같습니다.[71] 이 시기에는 비록 경제적 부와 성공은
이룩했지만, 영적으로는 매우 부패했습니다. 따라서 본문은 이러한 시
기의 영적인 부패의 원인으로서 제사장들의 타락을 부각시키고 있는
것입니다. 물론 호세아는 백성들의 타락 역시 배제하지 않았을 것입니
다. 그럼에도 불구하고 호세아 4장 6절의 초점은 백성들의 타락보다

는 제사장의 직무태만에 있습니다.

문맥에 뿌리내린 적용

호세아 4장 6절의 문맥은 하나님의 말씀을 바르게 가르쳐야 할 제사장과 같은 영적 지도자들의 부패와 변질을 하나님을 아는 지식의 결핍의 주원인으로 규명합니다. 흥미롭게도 이스라엘의 멸망의 시기에 나타나는 중요한 현상 가운데 하나는 참 지도자들이 점차 사라지고 거짓 지도자들이 활개를 친다는 점입니다. 이런 점에서 구약의 선지자들은 지도자들의 타락을 경고하며, 그들이 전하는 거짓 메시지의 부정적 영향을 예견한 바 있습니다. 예를 들면, 예레미야는 "이 땅에 무섭고 놀라운 일이 있도다 선지자들은 거짓을 예언하며 제사장들은 자기 권력으로 다스리며 내 백성은 그것을 좋게 여기니 마지막에는 너희가 어찌 하려느냐"(렘5:30-31)라고 외치면서 이스라엘을 바른 신앙의 길로 인도해야 할 지도자 그룹의 총체적 타락과 부패를 탄식했습니다. 신약의 본문 또한 지도자들의 부패와 그 위험성을 경고하는데, 가령 바울은 에베소 장로들을 향한 고별설교에서 거짓 지도자들의 위험성을 경고했습니다(행20:28-30; 딤전1:3-4). 야고보 역시 말씀을 가르치고 전하는 지도자의 가르침에는 반드시 그에 상응하는 책임이 뒤따른다고 강조했습니다.

"내 형제들아 너희는 선생된 우리가 더 큰 심판을 받을 줄 알고 선 생이 많이 되지 말라"(약3:1)

이와 같이 신앙 공동체에 속한 영적 지도자들의 중요성은 어제나 오늘이나 크게 다를 바 없습니다. 호세아 시대와 마찬가지로 오늘날 한국 교회도 참된 리더십의 부재로 몸살을 앓고 있습니다. 이런 점에서 한국 교회의 위기는 리더십의 위기라고 해도 과언이 아닙니다. 호세아가 지적하듯이, 하나님의 말씀을 바르게 가르치고 인도해야 할 막중한 책무를 수행하지 못하고 도리어 죄악에 빠져 비틀거리며 넘어지는 제사장의 타락상은 하나님의 말씀을 선포하고 가르치는 한국 교회 지도자들의 책임과 의무를 되돌아보게 합니다. 따라서 제사장들의 부패함을 지적하는 호세아 4장 6절의 메시지는 한국 교회의 지도자들을 향해 선포하는 하나님의 준엄한 경고의 말씀이 아닐 수 없습니다.

23장
요엘서는 현대 은사주의 운동을 지지하는가?

> "그 후에 내가 내 영을 만민에게 부어 주리니 너희 자녀들이 장래 일을 말할 것이며 너희 늙은이는 꿈을 꾸며 너희 젊은이는 이상을 볼 것이며"
>
> _요엘 2장 28절

요즘 들어 이단들이 점차 기승을 부리기 시작하더니 심지어 불건전한 환상과 예언 운동까지 더욱 활개를 치고 있습니다. 오래 전 아프리카의 모 목사가 하나님의 계시를 받았다고 주장하면서 곧 한국에 전쟁이 일어날 수 있다는 말로 미혹하더니 급기야 모 여인은 임박한 한국의 전쟁을 피하기 위해 한국을 떠날 것을 종용하기도 했습니다. 그런데 불행하게도 이러한 거짓 예언 운동은 이제 교회 안에만 부정적인 영향을 끼치는 것이 아니라, 오늘날과 같은 초연결시대에 곧장 미디어를 통해 교회 밖으로 전해져 건전한 교회와 그리스도인들로 하여금 부당하게 세상으로부터 손가락질을 받는 대상이 되게 만듭니다.

그럼에도 최근까지 계속해서 문제를 불러일으키는 신사도 운동이나 몰지각한 은사주의를 추구하는 자들은 예언과 환상의 가치를 극단적으로 끌어올릴 뿐 아니라 이를 위해 성경의 몇몇 구절을 자의적으로 해석 및 왜곡하고 있습니다. 그리하여 자신들의 예언 운동이 매우 성경적이며 하나님의 뜻에 의존하고 있다고 굳건히 믿고 있습니다. 그런데 이들이 자신들의 예언 활동을 정당화하기 위해 가장 많이 인용하는 대표적인 성경 본문 가운데 하나가 바로 요엘 2장 28-32절인데, 그중에서도 특히 2장 28절에 등장하는 환상, 꿈, 예언에 관한 내용을 강조합니다.

그러나 종말에 성령께서 임하시어 남녀노소를 불문하고 예언과 환상을 경험하게 될 것이라는 요엘 2장 28절은 과격한 은사주의자들이 해석하고 주장하는 것처럼 지금 우리가 살고 있는 오늘날에도 문자 그대로 적용될 수 있는 것이 아닙니다. 그러면 이 구절은 과연 어떤 의미일까요? 이 질문에 답하기 위해서는 요엘서 본문의 문맥에서 저자의 의도와 목적을 먼저 살펴보아야 합니다.

문맥으로 관찰하기

요엘 선지자는 종말이 도래할 때 사람들이 성령을 받을 것이라는 것과, 성령을 받은 사람들은 남녀노소 누구나 할 것 없이 '장래의 일'을 말하고, '꿈'을 꾸고, '이상'을 보게 될 것이라고 예언합니다. 그러면 여기서 말하는 성령을 받은 사람들이 예언과 환상을 볼 것이라는 표현이 문맥상 어떤 의미인지 살펴보도록 하겠습니다. 먼저 요엘서 2장의 핵심 주제는 '여호와의 날'입니다. 요엘 선지자는 이스라엘을 향해 하나님의 심판이 임할 것이며, 그 심판으로 말미암아 이스라엘이 회개할 때 하나님께서 다시 그들을 회복시키실 것임을 약속합니다. 그런데 그 회복의 날의 특징 가운데 하나가 바로 성령의 부어주심입니다. 여기서 성령의 부어주심은 새로운 시대를 예고합니다. 그리고 이 새로운 시대의 특징으로 성령을 받는 사람은 누구든지 예언과 환상을 보게 될 것입니다.

그러면 여기서 예언과 환상을 본다는 것은 무엇을 의미할까요? 구약에서 예언과 환상을 보는 자들은 선지자들이었습니다. 그런데 당시 선지자들은 하나님께서 특별히 선택하고 부르신 자였습니다. 하지만 요엘 선지자는 종말의 시대가 도래할 때는 성령을 받는 모든 사람들이 선지자가 될 것이라고 예고합니다. 다시 말해, 만인 선지자의 시대가 도래할 것을 알리는 것입니다. 그렇다면 언제 이런 날이 도래하는 것일까요? 즉 요엘서 2장 28절은 언제 성취되는 것일까요? 이와 관련해 신약의 본문에서는 요엘 2장 28절이 오순절 강림 사건을 통해 성취되었다고 분명하게 밝힙니다. 즉 베드로가 오순절 성령강림 때 요엘서 2장 28절을 인용하면서 요엘 선지자의 예언이 성취되었음을 다음과 같이 역설한 것입니다.

> "베드로가 열한 사도와 함께 서서 소리를 높여 이르되 유대인들과 예루살렘에 사는 모든 사람들아 이 일을 너희로 알게 할 것이니 내 말에 귀를 기울이라 때가 제 삼시니 너희 생각과 같이 이 사람들이 취한 것이 아니라 이는 곧 선지자 요엘을 통하여 말씀하신 것이니 일렀으되 하나님이 말씀하시기를 말세에 내가 내 영을 모든 육체에 부어 주리니 너희의 자녀들은 예언할 것이요 너희의 젊은이들은 환상을 보고 너희의 늙은이들은 꿈을 꾸리라"(행2:14-17)

여기서 베드로는 분명하게 요엘서 2장 28절의 예언이 오순절 성령 강림 사건으로 성취되었다고 선언합니다. 따라서 이러한 베드로의 요엘서 해석에 따르면, 요엘 선지자가 예언했던 그 주의 날은 오순절 당시에 도래한 것입니다. 다시 말해, 사도행전 2장에 등장하는 오순절 성령강림 사건은 요엘 선지자가 예언했던 종말에 있을 성령의 강림이 성취된 것이었고, 나아가 구약의 선지자들처럼 성령을 받은 교회가 하나님의 계시의 말씀을 선포하고 전달하는 선지자로서의 사역을 감당하게 될 것을 예고하는 것이었습니다.

문맥에 뿌리내린 적용

그러면 요엘 2장 28절이 오순절 성령강림 사건 때 성취되었다는 것은 무엇을 의미할까요? 그리고 이런 성취의 의미는 오늘 우리에게 어떻게 적용될 수 있을까요? 실제로 사도행전 2장에서 성령으로 충만함을 받은 제자들은 구약의 선지자들처럼 문자적으로 예언을 하거나 환상을 보고 그것을 선포하지는 않았습니다. 오히려 성령으로 충만함을 입은 제자들이 행한 일은 십자가에 달려 죽으시고 부활하신 예수 그리스도의 복음의 메시지를 강력하게 선포하는 것이었습니다. 따라서 신약에 와서는 구약에 있었던 예언의 역할과 기능이 성령을 받은 그리스도인들에게 보편적으로 위임되었다고 말할 수 있습니다.

구약에서는 선지자들만이 환상이나 예언을 통해 하나님의 계시를 백성들에게 선포하였습니다. 그러나 오순절 성령강림 사건으로 말미암아 하나님의 계시를 전달하는 역할은 남녀노소를 막론하고 성령을 받은 모든 그리스도인들에게 주어지게 되었습니다. 다시 말해, 성령을 받은 교회가 모두 선지자가 된 것입니다. 따라서 이제는 예수 그리스도 안에서 모든 신자들이 제사장이요 왕이며, 또한 선지자입니다. 더 이상 구약의 예언자들과 같은 어떤 특별한 그룹만이 예언을 독점하는 시대는 끝났습니다. 마찬가지로 환상이나 꿈과 같은 직접적인 방법으로 계시를 전달하는 시대도 끝났습니다. 그보다는 성령에 붙들리어 오직 예수 그리스도의 복음의 말씀을 선포함으로써 예언의 사역을 성취하는 새로운 시대가 열리게 된 것입니다.

그런 점에서 영감으로 기록된 66권의 하나님의 말씀을 선포하고 가르치는 것이야말로 구약의 예언 사역을 올바르게 성취하는 일입니다. 따라서 요엘 2장 28-32절을 해석하고 설교하는 목회자들은 오늘날 특별한 계시나 예언의 은사를 정당화하려는 수단으로 이 본문을 사용해서는 안 됩니다. 오히려 이 본문은 기록된 하나님의 계시인 성경의 말씀을 담대히 전하고 복음의 진리를 바르게 증거하는 자들이야말로 하나님의 참 선지자임을 깨닫게 해줍니다.

24장
하나님께서 미워하시는 이혼은 무엇인가?

"이스라엘의 하나님 여호와가 이르노니 나는 이혼하는 것과 옷으로 학대를 가리는 자를 미워하노라 만군의 여호와의 말이니라 그러므로 너희 심령을 삼가 지켜 거짓을 행하지 말지니라"

_말라기 2장 16절

몇 년 전 매우 독실한 신앙을 지닌 어느 여 집사님과 이혼에 대하여 말씀을 나눈 적이 있습니다. 그분은 이혼에 대해 매우 부정적인 입장을 갖고 계셨습니다. 필자 역시 신중하지 못한 이혼에 대해서는 부정적인 편이었지만 그분의 반응은 너무 극단적이었습니다. 특히 그분이 제시하는 성경적 근거가 필자를 당황케 만들었습니다. 그분은 하나님께서 이혼을 미워하신다는 표현이 있는 말라기 2장 16절을 인용하면서 이혼은 절대로 안 된다고 단언하였습니다. 이처럼 말라기 2장 16

절은 구약의 대표적인 이혼 거부 본문으로 알려져 있으며, 오늘날 많은 그리스도인들이 '이혼 절대 불가'를 강조하기 위해 인용하는 본문입니다. 그런데 실제로 적지 않은 설교자와 그리스도인들이 말라기의 이 구절을 제대로 이해하기 위해 전후 문맥은 살펴보지도 않은 채, 단지 "하나님께서는 이혼을 미워하신다."라는 문구만 작위적으로 사용하는 우를 범하고 있습니다. 물론 필자는 섣부른 판단에 따른 이혼을 결코 지지하지 않습니다. 그러나 말라기 2장 16절의 문맥을 제대로 파악하지 않고서 그저 피상적으로 이 구절을 이용해 이혼불가를 외치는 것은 본문의 원래 의도에서 벗어나는 일입니다.

그러면 하나님께서는 왜 이혼을 미워하실까요? 또는 하나님께서 미워하시는 이혼은 어떤 이혼일까요? 아니 그보다 근본적으로 말라기의 배경이 되는 포로 귀환 공동체에서 이혼은 어떤 문제로부터 비롯된 것일까요? 이러한 질문들은 말라기의 시대적 배경과 본문의 전후 문맥을 주의 깊게 살펴볼 때만 해답을 발견할 수 있습니다. 그리고 그때 우리는 말라기 2장 16절이 말하려는 논점은 이혼 자체보다 잘못된 결혼에 무게를 더 두고 있음을 깨닫게 될 것입니다. 실제로 말라기 2장 16절에서 언급하는 이혼은 남편과 아내가 헤어지는 오늘날의 이혼을 말하는 것이 아니라 남편이 다른 여인을 아내로 맞아들이기 위해 현재의 아내를 버리는 특수한 상황을 지적한 것입니다. 그럼 먼저 말라기 시대의 역사적 배경을 간략히 살펴본 후 말라기 본문의 문맥과 그 논점을 집중적으로 관찰해보겠습니다.

문맥으로 관찰하기

　말라기 시대의 이혼 문제를 이해하려면 먼저 말라기 시대의 몇 가지 중요한 역사적 상황들을 파악해야 합니다.[72] 당시 말라기 시대의 포로 귀한 공동체는 몇 가지 심각한 문제들을 안고 있었습니다. 그중 첫 번째 문제는 형식주의적 제사였습니다(1:6-14). 당시 제사장과 백성들은 "저는 것"과 "병든 것"(1:8), "흠 있는 것"(1:14)을 하나님께 바쳤습니다. 그만큼 그들의 예배는 형식과 겉치레만 남아 있었습니다. 이렇듯 하나님을 향한 예배는 근본적으로 변질되었고, 이로 말미암아 이스라엘은 심각한 신앙적 위기에 놓여 있었습니다.

　두 번째 문제는 제사장들의 직무태만이었습니다. 사실 율법을 가르치고 적용하는 그들의 임무는 포로 귀환 공동체가 공의를 실현하는 데 필수적인 것이었습니다. 그런데 율법을 올바로 적용시켜야 할 제사장들이 율법의 진리를 버리고 불법을 자행했기 때문에(2:6-8) 말라기 시대는 불의에 직면할 수밖에 없었습니다. 그리고 이것이 세 번째 문제가 되었는데, 곧 당시 이스라엘 사회는 심각한 불의에 빠져 있었습니다. 그들은 하나님의 말씀에 의존하지 않고 점술을 신뢰했으며(3:5), 간음도 빈번했습니다. 진리는 사라지고 거짓 맹세가 득세했습니다. 네 번째 문제는 십일조와 봉헌물을 온전히 드리지 않았다는 것입니다. 십일조와 봉헌물을 바치는 행위는 이스라엘을 향한 하나님의 주권적인 돌보심을 인정하며 고백하는 신앙적 표현이었습니다. 이러한 신앙고백

행위가 결핍되었다는 것은 하나님을 신뢰하지 못하는 이스라엘의 불신앙을 단적으로 보여줍니다.

그리고 마지막 다섯 번째 문제는 가정에서 발생하는 여러 문제점들이었습니다. 특히 이혼의 문제로 포로 귀한 공동체의 가정들은 심한 홍역을 겪었습니다. 그중에서도 이혼을 하게 되는 배경이 그 심각성을 더하게 했습니다. 당시 남편들은 어려서 맞이한 아내에게 거짓을 행할 뿐 아니라, 하나님 앞에서 서약했던 언약의 아내를 버리고 이방 신을 섬기는 여인과 재혼을 시도하기까지 했습니다. 그 결과로 태어나는 자손들이 이방 신을 섬기는 여인들에 의해 훈육을 받게 되었고, 점차 여호와 유일신 사상이 무력해지는 위기에 봉착하게 되었습니다. 신앙의 순수성은 무너지고 혼합주의 성향이 이스라엘 사회를 지배하게 되었습니다. 급기야 언약 안에서 가정을 회복하지 않고서는 이스라엘 사회에 더 이상 미래를 기대할 수 없는 상황에 놓이고 말았습니다. 그런데 이 같은 가정의 언약적 순결의 문제를 본격적으로 다루는 본문이 바로 말라기 2장 10-16절입니다. 따라서 여기서는 먼저 말라기 전체의 구조 안에서 말라기 2장 10-16절의 위치를 살펴본 뒤, 말라기 2장 10-16절의 문맥과 그 핵심 논점을 살펴볼 것입니다.

말라기 2장 10-16절은 말라기 전체에서 가정의 언약적 순결과 그 중요성을 강조합니다. 그리고 말라기 전체의 구조는 이러한 말라기 2장 10-16절의 중요성을 더욱 강조해줍니다. 필자가 분석한 말라기 전체의 주제적 교차대구는 다음과 같습니다.[73]

A 하나님께서 이스라엘을 사랑하심(1:1-5)

    B 정성이 결여된 예배와 성전제물(1:6-2:9)

        C 가정 안에서의 불의(2:10-16)

        C′ 사회 안에서의 불의(2:17-3:5)

    B′ 무시된 십일조와 봉헌물(3:6-12)

A′ 하나님께서 남은 자를 사랑하심(3:13-4:6)

필자의 분석에 의하면, 말라기 전체는 6개의 논쟁 형식이 유사한 주제들을 중심으로 교차대구를 이룹니다. A(1:1-5)와 A′(3:13-4:6)는 하나님의 사랑과 하나님을 향한 경외의 주제를 공유하면서 서로 짝을 이루며, B(1:6-2:9)와 B′(3:6-12)는 예배와 성전 제물 그리고 십일조와 봉헌에 대한 이스라엘의 불성실한 태도에 초점을 두면서 서로 짝을 이룹니다. 또한 C(2:10-16)와 C′(2:17-3:5)는 가정의 불의와 사회의 불의의 주제를 공유함으로써 대구를 이룹니다. 이와 같은 구조적 관점에서 가정의 문제를 부각시키는 2장 10-16절의 논점을 중점적으로 살펴보겠습니다.

먼저 2장 10절은 유다 공동체의 영적 부모의 중요성을 강조합니다.[74] 말라기는 유다 공동체의 영적 일체성을 강조하기 위해서 여호와를 '아버지'로, 유다 공동체를 한 분 하나님에 의해 창조된 자들로 묘사합니다. 그러나 안타깝게도 2장 11-12절에서 이스라엘의 남편들은 언약 안에서 결혼한 믿음의 여인과의 영적인 연합을 거부하고 이방신을 섬기는 여인과 재혼하는 비극적인 참상을 보입니다. 흥미롭게도 2

장 14절에서는 '너와 서약한 아내'라는 표현이 소개되는데, 이는 '너의 언약의 아내'라고 번역하는 것이 더 적절합니다. 그래야만 결혼에 담긴 언약의 중요성이 강조될 수 있기 때문입니다.

> "너희는 이르기를 어찌 됨이니이까 하는도다 이는 너와 네가 어려서 맞이한 아내 사이에 여호와께서 증인이 되시기 때문이라 그는 네 짝이요 너와 서약한 아내로되 네가 그에게 거짓을 행하였도다"

또한 이 구절은 언약의 아내를 '짝'으로 묘사하는데, 이 '짝'으로 번역된 히브리어 '하베레트'는 여성형으로서 구약 전체에서 오직 말라기에만 등장합니다. 이 단어는 건축과 관련된 '이음매' 또는 '접합 부분'이라는 뜻을 내포하는데, 이렇게 언약 안에서 결혼한 아내를 '이음매'와 관련된 건축용어로 설명하는 것은 하나의 목표를 향해 함께 연합하는 동등한 반려자로서의 개념을 강조하는 것으로 볼 수 있습니다. 나아가 이것은 결혼 관계의 '영구성'을 함축하는 것이기도 합니다 (출26:6,9,11).

2장 15절 또한 부부의 언약적 신성함을 강조합니다.

> "그에게는 영이 충만하였으나 오직 하나를 만들지 아니하셨느냐 어찌하여 하나만 만드셨느냐 이는 경건한 자손을 얻고자 하심이라 그러므로 네 심령을 삼가 지켜 어려서 맞이한 아내에게 거짓을 행하지 말지니라"

여기에 등장하는 '하나'라는 표현은 무엇보다 부부의 하나 됨을 의미합니다. 이것은 창세기 2장 24절("이러므로 남자가 부모를 떠나 그의 아내와 합하여 둘이 한 몸을 이룰지로다")을 연상시키는 동시에 하나님께서 부부를 '하나의 몸'이 되도록 만드셨음을 상기시킵니다.

더욱이 말라기 2장 15절은 언약의 배우자에게 영이 거한다고 말합니다. 구약에서 영이 생명의 근원이듯이 남자와 여자의 결혼은 한 몸으로서의 생명 결합체를 의미합니다. 또한 하나님의 언약 백성으로서의 결혼의 연합은 후손들에게도 영향을 미칠 수 밖에 없습니다. 그래서 본문은 이런 언약 안에서 이루어지는 생명의 결혼의 연합이 경건한 자손을 얻게 한다고 설명합니다. 여기에 결혼의 신비가 지닌 한 측면이 나타납니다.

말라기 2장 15절은 남자와 여자가 한 몸을 이루는 결혼의 연합의 중요성과 아울러, 그 연합으로 인한 결과의 중요성도 함께 강조합니다. 즉 결혼은 단순히 남자와 여자의 하나 됨만이 아니라 그 하나 됨으로 말미암은 자녀들의 중요성도 내포합니다. 따라서 만약 결혼이 언약 안에서 이루어지지 않는다면, 자녀들 역시 언약과 상관없는 아이들이 될 수 있습니다. 그러나 이스라엘의 남편들은 이와 같은 하나님의 목적을 깨닫지 못한 채 오히려 부정한 행위를 일삼았으며, 마침내 이혼이라는 최악의 결과를 선택하였습니다. 흥미롭게도 15b절과 16절은 이스라엘의 남편들이 자행한 부정한 태도를 가리키는 유사한 단어들을 등장시킴으로써 다음과 같은 교차대구를 이룹니다.

A 심령을 삼가 지킴으로 거짓/부정한 짓을 행하지 말라
　　B 이혼을 미워하시는 이스라엘의 하나님 여호와
　　B′ 옷으로 학대를 가리는 자를 미워하시는 만군의 여호와
A′ 심령을 삼가 지킴으로 거짓/부정한 짓을 행하지 말라

말라기는 거짓/부정한 짓을 뜻하는 히브리어 동사 '바가드'를 15절과 16절에서 반복적으로 사용하면서 어려서 취한 아내에게 이런 짓을 행하지 말 것을 촉구합니다. 이런 짓이란 이방의 여인과 재혼하기 위해 언약의 아내를 저버리는 이혼 행위를 암시합니다. 이런 이유로 말라기는 16절에서 하나님께서 이혼을 미워하신다고 단호하게 선언하는 것입니다. 따라서 말라기가 언급하는 이혼의 문제를 신명기 24장 1-4절과 연결시키는 것은 말라기의 문맥을 전혀 고려하지 않은 부주의한 성경읽기라 할 수 있습니다. 다시 말하지만, 말라기의 이혼 거부는 말라기 시대의 역사적 정황에서 이해되어야 합니다. 그런 점에서 말라기가 염두에 두고 있는 이혼은 이방신을 섬기는 여인을 아내로 받아들이기 위해 언약의 아내를 버리는 행위를 의미합니다. 이방 여인을 취하기 위해 언약의 아내를 버리는 것은 하나님의 언약을 깨뜨리는 행위와도 같은 것입니다.

더욱이 말라기 2장 16절에서는 '이혼하는 자'와 '옷으로 학대를 가리는 자'가 병행을 이룹니다. 그런데 여기서 '옷으로 학대를 가린다'라는 말은 '학대의 옷으로 가린다'라는 뜻으로 해석되는 것이 더 적절합니

다. 그럴 경우 이 구조는 '학대의 옷으로 덮는 행위'가 이혼과 관련이 있음을 시사합니다. 그런데 원래 옷을 덮는 행위는 결혼을 의미합니다. 룻기 3장 9절과 에스겔 16장 8절에서도 결혼을 서약하는 행위로 '남자의 옷자락'을 언급하듯이, '옷자락을 덮는 것'은 결혼을 상징합니다. 이에 반해 아내를 버리고 이방 여인을 취하는 태도는 폭력으로 옷을 덮는 것과 같은 행위입니다.

원래 '학대'로 번역된 히브리어 '하마쓰'는 거짓 증거로 인한 불의한 죄(출23:1; 시35:11)로부터 피 흘림의 죄(삿9;24)까지 잔혹한 해악을 가리키는 단어입니다. 창세기 6장 13절에서 "이 땅에 죄악이 관영"했다고 표현하는데, 여기서도 동일한 단어가 사용됩니다. 따라서 이 단어는 단지 개인만이 아니라 사회 전체에 영향을 미치는 용어라고 볼 수 있습니다. 다시 말해, 언약의 아내를 버리고 이방 여인을 취하는 것은 잔인한 폭력과도 같은, 일종의 사회적 범죄에 해당한다는 것입니다.[75] 이처럼 말라기는 가정의 언약적 파기를 폭력과도 같은 엄청난 파괴적 행위로 강조함으로써 언약 백성들이 준수해야 할 책임적 반응으로서 가정의 언약적 순결을 강력하게 요청하고 있는 것입니다.

문맥에 뿌리내린 적용

그렇다면 말라기 2장 10-16절의 문맥과 논점이 현대의 그리스도인들에게 던지는 메시지는 무엇일까요? 무엇보다도 이 본문의 문맥은 가정의 위기를 목도하는 한국 교회를 향해 가정의 언약적 순결의 중요성을 더욱 촉구하도록 요청합니다. 불신자와의 결혼에 대해 점차 그 문제의 심각성을 상실하고 있는 상황에서 한국 교회는 결혼 적령기에 있는 청년들이 자신의 배우자를 선택할 때, 그들의 선택이 성경의 가르침에 근거할 수 있도록 더 많은 관심과 노력을 기울여야 합니다. 그럼으로써 그들이 언약 안에서의 결혼의 중요성을 인식할 수 있도록 도와야 합니다. 몇 년 전 어느 그리스도인이 제사와 같은 종교적인 문제로 시부모와 갈등을 겪다가 결국 남편으로부터 이혼을 당하고 자녀 양육권 소송에서도 패소한 사건이 대중매체를 통해 널리 알려지게 되었습니다. 당시 그 여인은 목사의 딸로서 유교적 전통이 강한 불교 집안의 남자와 결혼했으나 종교적인 갈등을 극복하지 못하고 이혼의 아픔을 겪고 말았습니다. 한국 교회는 이 사건을 단순하게 여기지 말고 불신자와의 결혼의 문제점을 재인식하는 계기로 삼아야 합니다.

한편 최근 한국은 경제협력개발기구(OECD) 국가 가운데 이혼율 1위라는 불명예를 안고 있습니다. 특히 이혼의 원인 가운데 큰 비중을 차지하는 것은 배우자의 외도나 불륜입니다. 이와 같은 상황에서 말라기는 다른 상대와 불륜을 행하고도 그 잘못을 돌이키기는커녕 오히려 언약의 배우자를 저버리는 것은 배우자는 물론 언약 공동체에게도 막대한 고통을 가하는 폭력과도 같은 죄악임을 상기시킵니다. 이렇듯 이방 여인을 얻기 위해 언약의 아내를 헌신짝처럼 내버리는 이스라엘의 이혼 행위를 일종의 폭력으로 묘사했던 말라기의 목소리는 오늘날 불륜과 같은 행위로 결혼의 언약적 신성함을 저버림은 물론 도리어 이혼을 정당화하는 이들에게 준엄한 경고의 메시지가 될 것입니다.

정리하자면, 말라기 2장 16절은 엄격히 말해 이혼의 절대불가를 외치는 구절이 아닙니다. 오히려 가정을 깨뜨리는 불륜의 문제를 지적하며 가정의 언약적 순결과 중요성을 천명하는 구절입니다. 그러므로 이 구절을 가르치고 설교하는 목회자들은 이혼 그 자체보다는 본문의 문맥에 나타난 이혼의 원인에 집중하여 부부의 언약적 의무와 순결을 강조해야 할 것입니다.

25장
십일조는 더이상 필요없는가?

> "만군의 여호와가 이르노라 너희의 온전한 십일조를 창고에 들여
> 나의 집에 양식이 있게 하고 그것으로 나를 시험하여 내가 하늘
> 문을 열고 너희에게 복을 쌓을 곳이 없도록 붓지 아니하나 보라"
> _말라기 4장 10절

목회자들에게 가장 익숙한 십일조 본문은 말라기 4장 10절입니다. 오늘날 많은 교회의 십일조 봉투에 이 본문이 새겨져 있는데, 이는 이 구절이 대표적인 십일조 본문으로 이해되고 있음을 반영합니다. 필자 역시 중고등부 시절 다른 구약 본문들은 잘 알지 못했으나 말라기 4장 10절 만큼은 매우 익숙하였고, 십일조라는 말을 들을 때마다 이 구절을 제일먼저 떠올렸습니다. 그러나 안타깝게도 필자에게 그토록 익숙한 구절이었음에도, 이 구절의 의도와 목적을 말라기 전체의 문맥에

서 올바르게 교육받은 적은 거의 없었습니다. 그도 그럴 것이 이 구절이 포함되어 있는 말라기서에 대해 배울 수 있는 기회 자체가 거의 없었습니다. 그러나 말라기 4장 10절의 의도와 의미는 말라기 전체의 맥락에서 이해되어야만 온전히 파악될 수 있습니다. 그렇다면 말라기 전체의 맥락에서 이 십일조의 의미에 담긴 핵심 논점은 무엇일까요? 또한 말라기 선지자는 왜 이스라엘 백성들에게 십일조의 중요성을 강조하는 것일까요?

실제로 말라기 4장 10절에 등장하는 이 십일조의 내용은 말라기 당시의 이스라엘의 문제와 직결되어 있습니다. 말라기 선지자가 활동하던 포로기 이후 시대의 백성들은 하나님과의 언약 관계에서 멀어져 있었습니다. 그로 말미암아 말라기는 언약이라는 개념을 매우 집중적으로 사용합니다(예를 들면, 야곱의 언약, 레위 언약, 결혼 언약, 언약의 사자 등). 그렇다면 이스라엘이 하나님의 언약에서 멀어져 있다는 것은 어떻게 알 수 있을까요? 그것은 이스라엘 사회에 만연해 있던 많은 문제들을 통해 알 수 있습니다. 예를 들면, 앞선 24장에서 다루었듯이 말라기 시대의 이스라엘 백성은 제사를 경홀히 여겼고(말1:6-14), 불의를 행했으며(2:1-9), 믿음의 아내를 버리고 이방 여인과 결혼하여 신앙의 가정을 깨뜨렸으며(2:10-16), 십일조의 규례를 어겼습니다(3:7-12). 이런 문제들은 궁극적으로 이스라엘이 하나님과의 언약관계에서 멀어져 있음을 의미하였습니다. 하나님의 언약관계를 깨뜨리는 심각한 문제 가운데 하나가 바로 십일조를 경홀히 여기는 행위였습니다. 즉 십일조를 바치는 행위는 하나님의 언약백성의 의무로서, 하나님과의 언약관계를 나타내는 행동이었습니다. 그렇다면 본문의 문맥에서 말라기가 전달하려는 십일조의 의미와 목적은 무엇일까요?

문맥으로 관찰하기

말라기 4장 10절은 십일조와 봉헌물을 하나님께 바치지 않은 행위를 도둑질로 간주합니다. 여기서 십일조와 봉헌물이 하나의 쌍을 이루며 소개되는데, 본문에 언급된 십일조와 봉헌물을 이해하기 위해서는 먼저 구약의 십일조 개념을 이해해야 합니다. 구약의 십일조는 세 종류의 형태로 나타납니다. 첫 번째 형태는 해마다 소출의 십분의 일을 예루살렘의 성전으로 가져와서 성전의 레위인들과 함께 그것으로 축제의 잔치를 시행하는 것입니다(신12;17-19). 여기서 십일조의 소출을 바치고 그 십일조를 먹는 이유는 여호와 하나님을 경외하기 위함입니다. 다시 말해, 그들의 모든 소출과 곡물의 소득이 하나님의 은혜로 주어진 것을 잊지 않기 위함입니다. 신명기 12장 19절의 "레위인을 저버리지 말라"는 말씀에 비춰 볼 때, 아마도 축제 후 남은 십일조는 레위인들의 몫으로 돌려졌을 것입니다. 두 번째 형태는 삼 년마다 바치는 십일조로서 레위인들, 나그네들 그리고 고아와 과부들을 지원하는 것입니다(신14:28-29). 이런 형태의 십일조는 약자와 가난한 자들을 배려하기 위해 시행되는 제도임을 알 수 있습니다. 세 번째 형태는 레위인들이 바치는 특별한 십일조입니다(민18:25-26). 이 십일조는 백성들로부터 받은 십일조의 십일조에 해당됩니다. 아마도 레위인들은 그들이 받은 십일조 가운데 십분 일을 제사장들에게 바쳤을 것입니다. 그러므로 이 십일조는 십일조의 십일조라고 말할 수 있을 것입니다. 이와 같은 세 종류의 십일조 가운데 본문에서 언급하는 '봉헌물'은 세 번째 형태의 십일조, 곧 민수기 18장 25-26절에서 다루고 있는 특별한 십일조를 가리키는 것으로 보입니다.[76]

그러나 비록 십일조가 여러 용도로 쓰였다 하더라도 이 모든 형태의 십일조의 근본적인 정신은 '하나님의 주인 되심'을 인정하는 데 있습니다. 실제로 온 우주를 창조하고 다스리시는 분은 하나님 한 분뿐이십니다. 또한 이스라엘의 땅도 모두 하나님의 소유입니다. 그러므로 십일조라는 절차는 오직 하나님만이 주인이심을 고백하는 표현입니다. 하나님 앞에서 이스라엘은 단지 나그네와 소작인에 불과할 뿐입니다.

> "토지를 영구히 팔지 말 것은 토지는 다 내 것임이니라 너희는 거류민이요 동거하는 자로서 나와 함께 있느니라"(레25:23)

아브라함(창14:20)과 야곱(창28:22) 그리고 모세가 십일조의 규례를 중요시한 것은 바로 이와 같은 신앙고백적 차원에서 이해되어야 합니다.

따라서 만약 이스라엘이 십일조를 바치지 않는다면, 이것의 근본적인 문제는 그들이 하나님의 주인 되심을 인정하지 않는다는 데 있습니다. 말라기가 하나님의 것을 도적질하지 말라고 표현한 것은 바로 이런 맥락에서 이해될 수 있습니다. 즉 십일조를 바치지 않는 것은 단순히 소득의 십분의 일을 바치지 않는 문제가 아니라 하나님의 주인 되심에 대한 근본적인 신앙고백이 없는 문제를 드러내는 것입니다. 이 십일조는 엄격히 준행되어야 하는 규례였기 때문에, 십일조를 준행하지 않는 것은 하나님의 언약을 위반하는 행위일 뿐 아니라 그렇게 함으로써 하나님의 저주 아래 놓이게 됨을 의미합니다. 이스라엘이 하나님을 주인으로 인정하는 언약 백성이라면 마땅히 십일조를 드림으로써 언약 백성으로서의 책임을 다해야 했습니다.

그러므로 십일조 규례를 촉구하는 말라기 선지자의 목적은 자명합니다. 그는 이스라엘이 하나님을 주인으로 인정하는 언약 백성이라면 마땅히 십일조를 통해 그 신앙고백을 다시 회복해야 한다고 촉구하는 것입니다.

문맥에 뿌리내린 적용

그렇다면 신약시대의 교회는 십일조에 대해서 어떤 태도를 가져야 할까요? 이 문제는 구약의 율법의 적용 문제와 맞물려 있습니다. 과연 구약의 율법은 지켜져야 할까요, 아니면 폐기해야 할까요? 이 질문에 답하는 것은 그리 간단하지 않습니다. 구약의 율법은 연속성과 아울러 불연속성을 갖습니다. 따라서 현대의 그리스도인들에게는 율법에 대한 올바른 이해와 적용이 필요합니다. 불연속성과 관련하여 구약의 율법은 구약의 시대적 맥락과 상황에서 주어진 것입니다. 따라서 구약적 배경과 문맥을 오늘 이 시대에 문자 그대로 적용하는 것은 바람직하지 않습니다. 예를 들면, 구약의 이스라엘은 신정시대를 배경으로 하고 있으며, 구약의 율법은 광야 시대의 상황 혹은 농경적 상황 속에서 주어진 말씀이기 때문에, 다문화적이고 첨단의 정보화 시대를 살아가는 21세기의 현 상황과는 다소 불연속성이 있을 수밖에 없습니다. 그런 점에서 구약의 율법을 문자적으로 엄격하게 적용하려는 시도는 구약과 신약의 불연속성을 간과하는 것입니다. 그럼에도 불구하고 율법의 정신과 의도는 여전히 21세기에도 연속성을 갖습니다.

이런 점에서 예수님께서는 율법의 일획일점도 다 이루어질 것이라고 선언하신 것입니다. 그렇다면 구약의 관점에서 십일조를 엄격하게 적용하여 십일조를 내면 복을 받고 십일조를 내지 않으면 저주를 받는다는 식의 메시지를 전하는 것은 구약과 신약의 불연속성을 올바로 인식하지 못한 것입니다. 오늘날 우리들의 소득은 곡식도 아니요, 소나 말 혹은 양떼의 번성으로 바칠 수 있는 소출도 아닙니다. 그럼에도 불구하고 구약의 백성들이 고백했듯이, 하나님의 주인 되심을 인정하며 그분의 청지기 됨을 고백하는 자라면, 그 신앙을 고백하는 행위로서의 십일조는 필요하며, 그런 신앙 고백적 차원에서 십일조를 드리는 것은 하나님께서 기뻐하실 것이라고 믿습니다. 이런 점에서 구약의 십일조의 의미는 연속성을 갖는다고 할 수 있습니다. 단순히 저주를 받지 않기 위해서 어쩔 수 없이 십일조를 바치는 행위는 잘못된 율법주의적 태도에 빠진 것입니다. 오히려 더 적극적으로 하나님의 주인 되심과 그분의 청지기 됨을 고백하는 마음으로 십일조를 드린다면, 십일조의 정신은 여전히 계승될 수 있다고 믿습니다. 또한 구약에서 십일조를 통해 약하고 가난한 자들이 혜택을 받았듯이, 오늘도 십일조의 헌금이 가난한 자들이나 경제적으로 어려운 이들 그리고 이주 노동자들과 같은 약자들을 위해 사용된다면 더욱 의미 있는 일이 될 것입니다. 이런 점에서 필자는 구약의 십일조의 정신을 신앙고백적 차원에서 계승하는 것이 필요하다고 믿습니다.

1장 여자의 후손의 승리는 누구의 승리인가

1. 이 글은 필자의 논문, "창 3:15의 제라에 대한 성경신학적 고찰: 게르할더스 보스의 관점을 중심으로," 『교회와 문화』 (2016), 11-28의 일부를 수정, 보완한 것이다.

2. 많은 학자들은 '그/그녀'에 해당하는 히브리어 '후(הוא)'가 3인칭 남성 단수이며, 70인경이 '제라'를 3인칭 단수로 번역하기 때문에 이 여인의 후손('제라[זרע]')을 한 개인으로 규정하고자 한다. 그러나 다른 이들은 구약에서 집단 혹은 집합체를 가리키는 후손이라는 히브리어 '제라'가 단수 동사와 함께 단수 명사 형태를 취하는 경우들(예를 들면, 창13:16; 15:5,13; 16:10; 21:12; 22:17; 24:60; 28:14; 32:12; 48:19)을 근거로 제시하면서 창세기 3장 15절의 '제라'를 개인이 아닌, 집단 혹은 집합체로 해석할 것을 제안한다. 필자가 보기에, 창세기 3장 15절의 '제라'의 용법은 문법적으로 이 두 가지의 가능성을 모두 열어놓고 있다.

3. Kenneth A. Mathews, *Genesis 1-4:26*, NAC (Nashville: Broadman & Holman, 1996), 246.

4. John Calvin, *Commentaries on the First Book of Moses Called Genesis* (ed. and trans. John King; repr., Grand Rapids, Mich.: Baker, 1989), 1. 171.

5. 보스는 창세기 3장 15절을 지나치게 메시아적 예언 구절로만 읽어서는 안 된다고 단언한다. 그는 다음과 같이 진술한다(Geerhardus Vos, *Biblical Theology: Old and New Testaments* [Grand Rapids: Eerdmans, 1948], 55). "이것은 그 갈등의 절정에서 뱀의 후손이 뱀으로 대표될 것이며, 이와 동일한 방식으로 여인의 후손도 한 단일 인물을 통해 대표될 것임을 시사한다. 그렇지만 우리가 여기서 메시아를 가리키는 한 독점적인 인물에 대한 언급을 찾고자 하는 것은 정당화되지 않는다. 마치 이 사람 혼자만이 '여인의 후손'으로 의도되는 것처럼 말이다. 구약 계시는 한 개인적인 메시아의 개념을 매우 점차적으로 접근해 간다. 타락한 인간에게는 하나님께서 그의 전능하신 능력과 은혜를 통해 인류로 하여금 뱀에게 승리하도록 인도해 주실 것임을 아는 것으로도 충분했다."

보스는 비록 '여자의 후손'이라는 표현 속에 메시아적 개념이 암시되어 있다 하더라도 이 단어는 집단을 가리키는 단어로 취급해야 한다고 결론 내린다. 아마도 보스가 창세기 3장 15절에 등장하는 '여자의 후손'을, 메시아를 가리키는 한 개인보다는 집단으로 연결시키는 이유는 계시의 점진성을 의식하고 있기 때문이다. 하나의 씨앗이 자라서 나무가 되어 결실을 맺어가듯이, 계시의 내용은 점진성을 가진다. 그러므로 메시아적 개념은 점차적으로 드러나며, 그 계시의 내용은 시간이 지나면서 더욱 구체화되는 것이다. 그러나 창세기 3장 15절을 한 메시아적 존재에 대한 예언이나 약속으로만 취급하는 해석은 이와 같은 계시의 점진성을 충분히 고려하지 않는 성급한 결론이 될 수밖에 없다. 이와 같은 보스의 조심스런 입장은 우리로 하여금 계시의 점진성에 대한 이해와 그 중요성을 올바로 인식하도록 이끌어준다.

3장 함의 저주는 아프리카인들과 관련이 있는가?

6. 과거 1600년대 노예무역이 시작될 때 함의 저주는 아프리카인들의 노예제도를 정당화하기 위한 구실로 사용되었다. 함의 저주의 잘못된 해석의 역사에 관한 논의로는 Edwin M. Yamauchi, "The Curse of Ham," *CTR* n.s. 6/2(2009): 45-60을 보라.

7. Edwin M. Yamauchi, "The Curse of Ham," 55-56에서 재인용.

8. O. Palmer Robertson, "Current Critical Questions Concerning the 'Curse of Ham'(Gen 9:20-27)," *JETS* 41/2 (1998), 177-88.

9. Victor P. Hamilton, *The Book of Genesis 1-17*, NICOT (Grand Rapids: Eerdmans, 1990), 322-23.

10. Allen P. Ross, "The Curse of Canaan," *BSac* 137 (1980): 230.

11. Gordon J. Wenham, *Genesis 1-15* (Waco, TX: Word, 1987), 200.

12. Victor P. Hamilton, *The Book of Genesis 1-17*, 324-25.

4장 애굽의 종살이는 아브라함의 제사 탓인가?

13. 스캇 깁슨 편, 『구약을 설교하기』, 김현회 역 (서울: 디모데, 2008), 74-75.

7장 나답과 아비후는 왜 급사했는가?

14. 고든 웬함, 『레위기』(서울: 부흥과개혁사, 2015).

8장 구약의 음식법은 건강을 위한 지침서인가?

15. 이에 대한 균형 잡힌 토론으로는 Jay Sklar, *Leviticus*, TOTC (Downers Grove: InterVarsity Press, 2014), 172-73을 보라.

16. Christopher J. H. Wright, *Old Testament Ethics for the People of God*, 김재영 역 『현대를 위한 구약 윤리』 (서울: IVP, 2006), 412-13.

17. Allen P. Ross, *Holiness to the LORD* (Grand Rapids: Baker, 2002), 김창동 역 (서울: 디모데, 2009), 353.

10장 모든 가난은 불신앙의 결과인가?

18. André Biéler, *La Pensée Economique et Sociale de Calvin* (Genève: Georg & Cie S.A, 1961), 306-89.

11장 라합의 붉은 줄인가 그녀의 신앙고백인가?

19. 라합의 붉은 줄을 십자가의 붉은 피로 해석하는 목회자들의 설교는 모형론적 입장이 아니라 주관적인 알레고리적 해석에 기인한다. 이런 설교를 모형론적 해석이라고 주장하는 경우는 대체로 모형론의 이해에 대한 부족에서 비롯된다. 원래 알레고리적 해석은 중세 시대에 널리 행해진 성경 읽기 방식으로서, 본문 안에 담긴 영적인 의미를 찾는 일에 지나치게 몰입한 나머지 본문이 전혀 의도하지 않는 주관적 해석을 낳는 부작용을 초래한 바 있다. 그리하여 종교개혁가들은 알레고리적 해석의 문제를 지적하고 역사 문법적 해석을 제시하며, 모형론에 근거한 구약과 신약의 통일성을 강조하였다. 비록 학자들마다 서로 다른 분류방식들을 제시하지만 지금도 모형론(Typology)이 구약과 신약의 연관성을 입증하는 주요 열쇠가 된다는 점을 긍정한다. 그러나 오늘날 소위 종교개혁가들의 전통을 따라 구속사적 해석을 강조하는 목회자들조차도 알레고리적 해석을 시도하면서 마치 자신의 해석이 모형론에 입각해 있다고 오해하는 경향이 있다. 그렇다면 알레고리적 해석과는 달리, 모형론은 어떻게 이해되고 정의될 수 있는가? 학자들이 설명하는 모형론에 대한 개념 정의들은 다소 차이점이 있지만, 다음과 같은 베이커(David L. Baker)의 입장이 좀 더 폭넓은 지지를 받고 있다.

① 하나의 모형(a type)은 하나의 성경적 사건, 인물 혹은 제도로서 다른 사건들, 인물들 혹은 제도들의 한 모범(an example) 혹은 한 패턴(pattern)으로서 기능한다.
② 모형론은 모형들과 모형론들 간의 역사적, 신학적 일치성(correspondence)에 대한 연구다.
③ 모형론의 근거(basis)는 선택 받은 백성들의 역사에 나타난 하나님의 일관된 사역(God's consistent activity)에 있다.

David L. Baker, "Typology and the Christian Use of the Old Testament," in *The Right Doctirne from the Wrong Texts: Essays on the use of the Old Testament in the New*, (ed.) G. K. Beale [Grand Rapids: Baker Books, 1994], 313-30을 보라.

더욱이 구약의 역사적 특성, 사건의 반복 그리고 신학적 연관성에 초점을 두는 모형론은 역사적 맥락을 무시하며, 자의적 적용으로 치닫는 알레고리적 해석과는 차별성을 보여준다. 이런 관점에서 볼 때, 여호수아 2장 15절과 2장 18절에 등장하는 라합의 붉은 줄은 앞서 언급한 모형론의 특징들을 선명하게 보여주지 않는다. 왜냐하면 이런 붉은 줄의 형태들이 계속해서 역사 속에서 등장하지도 않을뿐더러 신약 본문에서조차도 예수 그리스도와 관련하여 어떤 언급도 없기 때문이다. 그러므로 라합의 붉은 줄을 그리스도의 피와 연결시키는 해석은 모형론이 아닌 알레고리적 시도에 가까운 것이다. 위의 Baker의 정의와 유사한 Goppelt의 정의는 다음과 같다.

① 구약의 모형과 신약의 대형 사이에는 뚜렷한 성경적 패턴 혹은 일치가 존재한다.
② 구약의 모형과 신약의 대형은 역사적 실재 즉 사람, 행동, 제도에 근거해야만 하며, 본문 속에 발견되는 숨겨진 의미에 근거하지 않는다.
③ 구약의 모형으로부터 더 큰 신약의 대형으로의 점진적 발전 혹은 진보가 있어야 한다.

L Goppelt, Typos: The Typological Interpretation of the Old Testament in the New

(Grand Rapids: Eerdmans, 1982), 17-18을 보라.

20. 이것은 John H. Stek, "Rahab of Canaan and Israel: The Meaning of Joshua 2," *CTJ* 37 (2002): 28-48에 소개된 구조에 의존하고 있음을 밝힌다.

21. 이것 역시 John H. Stek, "Rahab of Canaan and Israel: The Meaning of Joshua 2,"에 소개된 여호수아 2장의 구조에 의존하고 있음을 밝힌다.

22. 특히 아래에 소개된 리처드 헤스(Richard S. Hess)의 제안처럼, 라합의 고백이 절정을 이루는 2장 9-11절의 구조는 오직 이스라엘의 하나님 여호와에 대한 라합의 믿음과 그 동기를 부각시킨다.

A 여호와께서 이 땅을 너희에게 주신 줄을 내가 아노라
　B 우리가 너희를 심히 두려워하고
　　B 이 땅 주민들이 다 너희 앞에서 간담이 녹나니……
　　　C 우리가 들었음이니라
　　　C′ 우리가 듣자
　　B′ 곧 마음이 녹았고
　B′ 너희로 말미암아 사람이 정신을 잃었나니
A′ 너희의 하나님 여호와는 위로는 하늘에서도 아래로는 땅에서도 하나님이시니라

위의 구조는 Richard S. Hess, *Joshua: An Introduction & Commentary*, TOTC (Leicester: InterVarsity Press, 1996), 90을 참조한 것이다.

13장 웃사의 죽음은 그만의 책임인가?

23. 김지찬. 『여호와의 날개아래 약속의 땅을 향하여: 구약 역사서 이해 – 문예적 신학적 서론』 (서울: 생명의 말씀사, 2016), 608-9.

24. 김진수 교수는 다윗의 문제에 대해서 다음과 같이 지적한다. "모세의 율법에 따르면 법궤는 반드시 레위인이 어깨로 메어 운반해야 했다(민4:15). 그러나 다윗은 이런 규례를 무시하고 수레로 법궤를 운반하고자 했다(3절). 물론 '새 수레'를 준비한 사실에서 알 수 있듯이(3절), 다윗은 하나님께 최대한 존경과 경의를 표하고자 했을 것이다. 그럼에도 불구하고 다윗은 율법에 나타난 하나님의 뜻에 충분한 주의를 기울이지 못하였기에 그의 '열심'에는 자기만족적인 측면이 없지 않았다고 볼 수 있다." 김진수, 『우리에게 왕을 주소서: 하나님 나라의 관점으로 읽는 사무엘』 (수원: 합동신학대학원대학교 출판부, 2011), 238.

14장 다윗의 인구조사는 누구의 문제인가?

25. 본 글은 "다윗의 인구조사에 대한 재고찰: 대상 21:1을 중심으로," 『교회와 문화』 제14권 (2005): 29-46에 실린 필자의 논문의 일부를 수정하고 보완한 것임을 밝힌다.

26. 역대상 21장 1절의 사탄의 정체를 규명하기에 앞서 구약에 나타난 사탄의 의미와 용례들을 고찰

해 보는 것이 논의에 도움이 될 것이다. 먼저 구약에서 히브리어 명사 '사탄'은 동사형 '사탄'과 연관이 있음에 틀림없다. 이 동사는 구약에서 단지 6번 등장한다(시38:20; 71:13; 109:4,20,29; 슥3:1). 각각의 단락에서 이 동사는 대체로 '고소하다(accuse)', '비난하다(slander)'와 같은 의미로 해석된다. 그런데 유의해야 할 점은 '고소하다'와 '비난하다'라는 말은 비슷한 의미로 쓰일 수 없다. '고소'라는 말은 잘못된 것일 수도 있고 적법한 것일 수도 있지만, '비난'이라는 말은 언제나 거짓된 것을 뜻한다. 그러므로 이 동사는 주로 '비난하다'라는 의미를 더 많이 함축한다. 하지만 이 단어의 명사형은 이와 같이 언제나 부정적인 의미를 내포하고 있는 것만이 아니다. 때때로 이 명사형은 '비난자'라는 뜻뿐만 아니라 '고소자'라는 의미를 나타내기도 하며, 어떤 경우에는 '대적자'라는 뜻을 지니기도 한다. 그러므로 이 명사형 '사탄'의 의미는 문맥에 따라서 이해되어야 할 것이다. 특히 구약에서 '사탄'은 다양한 용례로 쓰이고 있으며 총 26회 등장하는데, 대체로 지상적 존재(삼상29:4; 삼하19:18-20; 왕상11:14,23,25)와 천상적 존재(민 22:22, 23; 욥1-2장; 슥3:1-2)로 구분될 수 있다.

27. 세일 헤머, 김진섭 역, 『구약신학개론: 정경적 접근』(서울: 솔로몬, 2003), 525-27.

15장 전도서는 많이 공부하는 것을 부정하는가?

28. 본 글은 "에필로그로 읽는 전도서", 『교회와 문화』 제18호 (2007): 25-44에 실린 필자의 논문의 일부를 수정하고 보완한 것임을 밝힌다.

29. James Limburg, *Encountering Ecclesiastes: A Book For Our Time* (Grand Rapids: Eerdmans, 2006), 126.

30. C. L. Seow, *Ecclesiastes, The Anchor Bible* (New York: Doubleday, 1997), 338.

31. R. N. Whybray, *Ecclesiastes*, 173.

32. Tremper Longman III, *Ecclesiastes, NICOT* (Grand Rapids: Eerdmans, 1998), 281.

33. Barry G. Webb, *Five Festal Garments: Christian reflections on The Song of Songs, Ruth, Lamentations, Ecclesiastes and Esther* (Downers Grove: Inter-Varsity Press, 2000), 101.

34. 이런 입장에 관해서는 Daniel C. Fredericks, *Ecclesiastes & The Song of Songs, AOC* (Downers Grove: InterVarsity, 2010), 248-49를 보라.

16장 '계명성' 루시퍼는 사탄을 의미하는가?

35. 본 글은 필자의 논문, "칼빈의 역사 문법적 해석의 의의 – 사 14:12의 '헬렐'의 해석을 중심으로," 『개혁논총』 제11권 (2009): 63-85의 일부를 수정하고 보완한 것임을 밝힌다.

36. 4세기 라틴어 벌게이트 역본 14장 12절은 아래와 같다.

Quomodo cecidisti de caelo lucifer qui mane oriebaris corruisti in terram qui vulnerabas gentes.

37. 70인경의 번역, '에오스포로스(dawn-bringer)'의 뜻과 연결된다.

38. Joseph Jensen, "Helel Ben Shahar (Isaiah 14:12-15) in Bible and Tradition," *Writing and Reading the Scroll of Isaiah: Studies of an Interpretive Tradition*, (eds.) Craig C. Broyles & Craig A. Evans, Vol. I (Leiden, Brill, 1997), 339.

39. W. S. Prinsloo, "Isaiah 14:12-15: Humiliation, Hubris, Humiliation," *ZAW* 93 (1981): 432-38; R. H. O'Connell, "Isaiah XIV 4B-23: Ironic Reversal Through concentric Structure and Mythic Allusions," *VT* 38 (1988): 407-418; Ronald Youngblood, "The Fall of Lucifer," *The Way of Wisdom: Essays in Honor of Bruce K. Waltke*, (eds.) J. I. Packer & Steven K. Soderlund (Grand Rapids: Zondervan, 2000), 177.

40. Robert H. O'Connell, "Isaiah XIV 4B-23: Ironic Reversal Through concentric Structure and Mythic Allusion," 407-8.

41. 이와 달리 영블러드는 이사야 14장 4b-23절 대신 이사야 14장 3-23절을 통일된 단락을 취급한다. 그의 구조분석은 아래와 같다.

> A 서막: 주께서 바벨론과 그 왕을 대면하시다(3-4a절)
> > B 스스로를 파멸되는 파괴자가 더 이상 다른 이들을 괴롭히지 않을 것이다(4b-8절)
> > > C 왕의 선대의 죽은 왕들이 그를 만나며 문안하다(9-11절)
> > > > D 왕이 땅으로 던져지다(12절)
> > > > > E 왕의 교만은 끝이 없다(13-14절)
> > > > D′ 왕이 스올로 던져지다(15절)
> > > C′ 왕의 선대의 죽은 왕들이 그를 응시하며 그의 운명을 생각하며 조롱하다(16-17절)
> > B′ 스스로 파멸되는 파괴자의 후손들이 더 이상 다른 이들의 권리를 무시하지 못할 것이다(18-21절)
> A′ 결론: 전능하신 주께서 바벨론과 그 왕조를 멸망시키다(22-23절)
> (Ronald Youngblood, "The Fall of Lucifer," 177).

그의 구조분석에 의하면, A(3-4a절)과 A′(22-23절)는 바벨론과 그 왕을 대적하시는 여호와의 이미지를 동일하게 반영하고 있으며, B(4b-8절)과 B′(18-21절)는 독재자와 그 후손들의 파멸을 묘사하고 있으며, C(9-11절)과 C′(15절)는 독재자에 대한 지하 세계에 있는 이전 왕들의 반응들이 동일하게 등장하고 있으며, D(12절)와 D′(15절)는 지하로 떨어지는 독재자의 최후를 보여주며, E는 바벨론 왕의 교만에 초점을 두고 있다.

42. J. H. Hayes and S. A. Irvine, *Isaiah: the Eighth-Century Prophet: His Times and Preaching* (Nashville: Abingdon, 1987), 227-31.

43. R. E. Clements, *Isaiah 1-39* (Grand Rapids: Eerdmans, 1980), 149.

44. Marvin A. Sweeney, *Isaiah 1-39*, FOTL (Grand Rapids: Eerdmans, 1996), 232-33.

45. Gary V. Smith, *Isaiah 1-39*, NAC (Nashville: B&H Publishing Group, 2007), 310-11.

46. John N. Oswalt, *Isaiah 1-39*, NICOT (Grand Rapids: Eerdmans, 1986), 313-14.

47. 존 칼빈, 『칼빈 성경 주석 이사야 I』 (서울: 성서교재간행사, 1992), 445.

17장 '성경'의 짝인가, '짐승'의 짝인가?

48. 이에 대한 구체적인 논의로는 Gary Smith, *Isaiah 1-39*, NAC (Nashville: Broadman & Holman, 2007), 571을 보라.

49. 에드워드 영(Edward J. Young)은 다음과 같이 진술한다. "선지자 자신은 그의 말이 성취되리라는 것을 의심하지 않는다. 그런 까닭에 그는 예언적 완료형을 사용하면서 적극적으로 그가 방금 언급한 모든 짐승 중 어느 것 하나도 빠지지 않을 것이라고 주장한다. 이 짐승들은 선지자가 예고한 대로 그 땅의 거민으로서 에돔에 모두 있게 될 것이다. 이것은 마치 이사야가 그 책에서 읽고 그가 언급한 짐승들 하나하나가 언급되었다는 것을 발견하라고 명령한 것으로 보인다. 이 진술로 그가 의미하는 바는 그 예언이 가장 확실하게 성취된다는 것이다." Young, Edward J, *The Book of Isaiah*, Vol. 1. Chapters 1-18, NICOT (Grand Rapids: Eerdmans, 1965), 장도선·정일오 역. 『이사야서 주석 1』 (서울: 기독교문서선교회, 2007), 470을 보라.

19장 하나님의 어머니 이미지는 어떻게 강조되어야 하는가?

50. 본 글은 "아름다운 재회(렘31:15-22)", 『프로에클레시아』 제10권 (2006): 101-114에 실린 필자의 논문의 일부를 수정하고 보완한 것임을 밝힌다.

51. Elmer A. Martens, *Jeremiah* (Scottdale: Herald Press, 1986), 186.

20장 다니엘 1장의 이야기는 채식의 중요성을 말하는가?

52. 이 글의 주요 부분은 필자의 논문, "다니엘서 스케치: 다니엘서의 이슈, 구조 및 신학." 『국제신학』 제10권 (2008): 7-46의 일부를 가져온 것이다. 다니엘서 전체의 구조는 학자들마다 매우 다양하게 연구되어 왔으나 대체로 장르적, 문예적 및 병렬적 관점으로 분석되고 있다. 예를 들면 랑글레(A. Lenglet)를 비롯하여 딜라드와 롱맨 같은 성경 신학자들은 아람어로 기록된 2장 4b절-7장 28절이 주제의 유사성에 근거해 정교한 교차대구를 이루고 있음을 밝혀왔다(A. Lenglet, "La structure littéraire de Daniel 2-7," *Biblica* 53 [1972]: 169-90.). 이들이 제시하는 구조를 살펴보면 아래와 같다.

A. 이스라엘을 다스리는 이방의 네 제국들(2장)

   B 신실한 자들을 위한 하나님의 구원(3장)

      C 바벨론왕 느부갓네살의 낮아짐(4장)

      C' 바벨론왕 벨사살의 낮아짐(5장)

   B' 신실한 자들을 위한 하나님의 구원(6장)

A' 이스라엘을 다스리는 이방의 네 제국들(7장)

이들의 구조 분석에 따르면, 2장(A)과 7장(A′)은 네 제국에 초점을 두고 있으며, 3장(B)과 6장(B′)은 동일하게 하나님의 신실한 백성들을 향한 그분의 주권적 구원을 보여주고 있으며, 끝으로 4장(C)과 5장(C′)은 바벨론의 왕들과 그들의 겸비함에 초점을 두고 있다. 그러므로 이들은 아람어로 기록된 2-7장이 주제적 유사성에 의한 교차대구를 보여주고 있음을 밝히고 있다. 필자는 위의 모든 구조들을 종합해 본 결과 언어적 차이를 중심으로 다니엘서의 구조를 다음과 같이 분석하고자 한다.

A 히브리어(1-2:4a)

　　아람어(2-7장)　　A 신상의 네 이미지들(2장)

　　　　　　　　　　　　B 신실한 자를 위한 하나님의 구원(3장)

　　　　　　　　　　　　　C 느부갓네살의 낮아짐(4장)

　　　　　　　　　　　　　C′ 벨사살의 낮아짐(5장)

　　　　　　　　　　　　B′ 신실한 자를 위한 하나님의 구원(6장)

　　　　　　　　　　A′ 네 짐승의 환상(7장)

A′ 히브리어(8-12장)

이 구조는 다니엘 1장이 동일한 히브리어로 기록된 8-12장과 함께 인클루지오를 이루고 있음을 보여준다. 이런 문학적 패턴은 다니엘 1장과 다니엘 8-12장을 서론과 결론의 형식으로 이해하도록 이끌어준다. 특히 다니엘 1장에 등장하는 궁정의 이야기는 8-12장에 등장하는 종말의 환란과 고난을 대처하는 중요한 모델로서 제시되고 있다. 좀 더 구체적으로 말하자면, 8-12장에서 장차 하나님의 백성들은 종말을 맞이하여 큰 신앙의 위기에 직면할 것이다. 이와 같은 절체절명의 위기상황에서 하나님의 백성들은 이런 위기를 어떻게 극복해야 하는가? 다니엘 1장은 이런 위기 극복을 위한 열쇠를 미리 제시한다. 곧 이방인의 왕의 궁정에서 이스라엘의 정체성이 부정되며 하나님의 백성으로서의 책임과 의무가 하찮게 여겨질 수 있는 위기상황에서 다니엘의 신앙적 행동은 종말의 하나님의 백성들이 견지해야 할 모범적 기준이 되는 것이다.

21장 성경은 '가계의 저주'를 옹호하는가?

53. 본 글은 "설교를 위한 번역 선택의 중요성에 대한 고찰: 호 1:4; 1:9 및 2:19-20을 중심으로," 『한국개혁신학』제 26권 (2009): 39-65에 실린 필자의 논문의 일부를 수정하고 보완한 것임을 밝힌다.

54. 한글개역개정과 한글개역은 동일하게 "내가 이스르엘의 피를 예후의 집에 갚으며"로 번역하고 있으며, NIV는 "I will soon punish the house of Jehu for the massacre at Jezreel," NKJV은 "I will avenge the bloodshed of Jezreel on the house of Jehu"로 번역하고 있는데, 한글 번역본과 영어 번역본 모두 예후의 가문의 심판의 원인을 이스르엘에서 행한 예후의 피흘림으로 돌리는 경향을 보인다.

55. 반대로 볼프와 같은 학자는 호세아가 예후의 이스르엘에서의 숙청에 대해 열왕기상 9장 16절

과 열왕기하 9장 1-13절과는 다른 해석을 제시한다고 주장한다. 즉 호세아는 예후의 이스르엘에서의 숙청을 하나님의 계획으로 해석하는 열왕기의 입장과는 달리 예후의 숙청을 부정적으로 해석한다는 것이다. 이는 호세아가 예후의 숙청을 긍정적으로 평가하는 9세기 선지자들의 전통을 전혀 알지 못했기 때문에 자신만의 독자적인 입장을 제시하게 된 것이라고 주장한다. Has Walter Wolff, *Hosea* (Minneapolis: Fortress Press, 1974), 18을 보라.

56. Marvin A. Sweeney, *The Twelve Prophets*, Vol. 1 (Collegeville: The Liturgical Press, 2000), 17-18.

57. Francis I. Andersen & David Noel Freedman, *Hosea*, The Anchor Bible (Garden City: Doubleday & Company, 1980), 181.

58. 존 칼빈, 『구약성경주해 26, 호세아』, 존칼빈성경주해출간위원회 옮김 (서울교제간행사), 70.

22장 여호와를 아는 지식의 결핍은 누구의 책임인가?

59. 본 글은 필자의 논문. "여호와를 아는 지식의 결핍과 리더십의 문제: 호세아 4:4-6을 중심으로." 『성경과 신학』 71 (2014): 1-21를 수정하고 개정한 것임을 밝힌다.

60. 호세아 4장 4-10절의 이슈에 대한 고전적인 연구로는 Michael Deroche, "Structure, Rhetoric, and Meaning in Hosea IV 4-10," *VT* 33 (1983), 185-98을 보라.

61. 호세아서 전체는 전반부를 구성하는 호세아 1-3장과 후반부를 구성하는 호세아 4-14장으로 크게 구분될 수 있다. 또한 호세아 1-3장은 호세아의 결혼과 재결합의 주제를 중심으로 교차 대구를 이루고 있으며, 호세아 4-14장은 크게 호세아 4-11장(MT 4-11:11)과 호세아 12-14장(MT 11:12-14:9)으로 나뉜다. 이러한 논의에 관해서는 M. Daniel Carroll R., "The Prophetic Denunciation of Religion in Hosea 4-7," *Criswell Theological Review* 7.1 (1993), 15-38; "Hosea", *Daniel ~ Malachi*, The Expositor's Bible Commentary, Revised Edition (Grand Rapids: Zondervan, 2008), 243을 보라.

62. 비록 호세아서를 연구하는 학자들은 서로 다른 구조분석을 소개하지만, 대체로 호세아 1-3장과 호세아 4-14장을 구분한다. 대표적으로 Francis I. Andersen & David Noel Freedman, *Hosea*, The Anchor Bible (Garden City: Doubleday & Company, INC, 1890)을 보라. Francis I. Andersen & David Noel Freedman은 호세아 1-3장을 호세아의 결혼으로, 호세아 4-11장을 호세아의 예언으로 취급한다. 물론 호세아서를 1-3장과 4-14장으로 구분하지 않는 학자들도 있다. 예를 들면, Thomas E. McComiskey는 호세아서 전체를 17단락으로 구분한다. 그의 "Hosea," *The Minor Prophets: An Exegetical and Expository Commentary*, (ed.) Thomas Edward McComiskey (Grand Rapids: Eerdmans, 1998), 17을 보라. 또한 호세아서를 1장 1절과 1장 2절-14장 9절로 크게 구분하는 Marvin Sweeney, "Hosea", *The Twelve Prophets*, Vol. 1, Berit Olam (Collegeville: The Liturgical Press, 2000), 3-144를 보라.

63. 더욱이 호세아 4장은 고소와 심판 선언의 이슈를 중심으로 1-3절, 4-10절, 11-19절로 세분화될 수 있다. 호세아서를 연구하는 학자들은 호세아 4장의 구조에 대해 다양한 견해들을 제시해왔

다. J. Andrew Dearman 같은 학자들은 호세아 4장 1-3절 이후의 본문들이 5장과 연결된 것으로 이해한다 (그의 *The Book of Hosea*, NICOT [Grand Rapids: Eerdmans, 2010], 155-87을 보라). 그러나 어떤 학자들은 호세아 4장을 호세아 5장과 분리시켜 분석하기도 한다. 필자는 구조적으로 4-5장을 결합시키기보다 4장과 5장을 분리하는 후자의 입장을 취한다. 필자가 제안하는 호세아 4장의 구조는 다음과 같다.

A 이스라엘에 대한 비난(1-3절)
  a 고소(1-2절)
  b 심판선언/저주(3절)
B 제사장에 대한 비난(4-10절)
  a 고소(4-6절)
  b 심판선언/저주(7-10절)
C 우상숭배에 대한 비난(11-19절)
  a 고소(11-14절)
  b 심판선언(15-19절)

64. 학자들은 일반적으로 호세아서의 히브리 본문을 번역하는 데 어려움을 토로해 왔다. 이런 어려움의 원인으로는 첫째, 필사과정에서 발생하는 실수들의 누적을 꼽는다. 그리하여 어떤 학자들은 호세아서의 수정작업을 쉽게 생각하기도 한다. 그러나 현재의 히브리 본문을 쉽게 수정하는 태도는 바람직하지 않다. 가장 바람직한 태도는 현재의 본문을 가능한 그대로 유지하되, 부득이 사본상의 문제가 분명한 경우 조심스럽게 대안을 제시하는 것이다. 둘째, 호세아 선지자 자체의 생략적 기법과 북쪽 방언 사용이 또 다른 어려움을 불러일으킨다. 이런 점에서 호세아서의 본문 연구는 다른 구약본문 연구보다 더 신중한 태도가 요청된다. 이에 대한 토론으로는 J. Andrew Dearman, *The Book of Hosea*, 9-11; Duane A. Garrett, *Hosea, Joel*, 26-27를 보라.

65. 학자들이 제시하는 호세아 4-14장의 구조는 천차만별이다. 이것은 호세아서가 명확한 구조를 파악하는 데 매우 어려운 본문임을 시사한다. 호세아 4장 4-10절의 구조에 대한 연구로는 Michael Deroche, "Structure, Rhetoric, and Meaning in Hosea IV 4-10,"185-98을 보라. 호세아 4장 1-10절의 고전적인 수사적 분석에 관해서는 Jack R. Lundbom, "Contentious Priests and Contentious People in Hosea IV 1-10", *VT* 35, 1 (1986), 52-70을 보라.

66. 정중호 교수는 호세아 4장을 1-3절과 4-19절로 나누는 전통적인 구분을 거부하며, 4장 전체를 하나의 단위로 취급할 것을 제안한다. 그의 "에브라임은 어리석은 비둘기: 호세아 4-10장", 『호세아 · 미가 어떻게 설교할 것인가』, 목회와 신학 편집부 엮음 (서울: 두란노아카데미, 2009), 27을 보라.

67. 정중호, "에브라임은 어리석은 비둘기: 호세아 4-10장", 28.

68. 맥코미스키(Thomas E. McComiskey) 같은 학자도 상세한 논의를 거쳐 호세아 4장 4절에서 비난의 대상을 이스라엘 백성으로 결론짓는다. 그에 의하면, 호세아 4장 4절은 패역한 이스라

엘 민족을 향하고 있으며, 제사장의 결정에 순복해야 할 이스라엘의 의무를 규정하는 신명기 17장 8-13절의 계명의 위반을 지적한다. 좀 더 구체적으로 말하자면, 호세아는 제사장과 같은 영적인 지도자들의 결정에 불순종하는 백성들의 강퍅하고 교만한 영적인 상태를 지적하고 있는 것이다(Thomas Edward. McComiskey, "Hosea," 60.).

69. 이런 이유 때문에 호세아서를 연구하는 많은 학자들은 호세아 4장 4-10절의 청중을 이스라엘로 간주하기 어렵다고 판단하고, 오히려 그 청중을 제사장으로 판단한다. 흥미롭게도 호세아 4장 4-10절의 대상을 제사장으로 보는 견해는 본문을 수정하는 입장과 본문 그대로를 보존하는 입장으로 크게 구분될 수 있다. 필자는 본문을 수정하지 않는 한글개역개정과 NIV의 번역을 선호하며, 4장 4-6절의 청중을 제사장으로 판단한다.

70. 더욱이 아래의 호세아 4장 6절의 주제적 교차 대구 구조는 제사장의 문제가 무엇인지 더욱 구체화시킨다.

A 백성의 지식 상실
　　B 지식을 버린 제사장의 직무유기
　　　C 제사장의 직무박탈
　　B′ 율법을 잃은 제사장의 직무유기
A′ 자녀의 상실

71. 호세아 사역 시대(주전 755-722년으로 추정됨)는 크게 다음과 같이 구분될 수 있다.

시대구분	유다	이스라엘	앗수르
초반부	웃시야(강)	여로보암 2세(강)	아슈르단(약)
중반부	요담/아하스(약)	베가(약)	디글랏 빌레셀3세(강)
후반부	아하스(약)	호세아(약)	디글랏 빌레셀 3세/살만에셀(강)

호세아서의 역사적 배경에 관한 간략한 논의로는 Gary V. Smith, *Hosea, Amos, Micah*, The NIV Application Commentary (Grand Rapids: Zondervan, 2001), 24; Duane A. Garrett, *Hosea, Joel*, 22-23을 보라.

24장 하나님께서 미워하시는 이혼은 무엇인가?

72. 아래의 일부 내용은 필자의 글, "말라기 스케치: 저자, 배경, 이슈, 구조 및 주제를 중심으로", 『국제신학』 (2013): 543-563의 일부를 수정하고 개정한 것임을 밝힌다.

73. 이 구조는 휴겐버거(Gordon P. Hugenberger)의 구조를 참조하고 변경하여 필자가 제안한 것이다. 휴겐버거는 말라기 전체를 서로 쌍을 이루는 문학적 교차대구로 분석한다. 그리고 서로 쌍을 이루는 단락들은 공통적인 주제들을 반영한다고 주장한다.

교차 대구 단락		공통 주제들
A 표제(1:1)	A′ 요약적 도전 (3:22-24[4:4-6])	이스라엘을 위한 여호와의 메시지
B 첫째 논쟁 (1:2-5)	B′ 여섯째 논쟁 (3:13-21[3:13-4:3]	하나님께서 악인과 의인을 구분하심; 의인을 살려두시고 악인을 정죄하심으로 그분의 언약적 사랑을 증명하심
C 둘째 논쟁 (1:6-2:9)	C′ 다섯째 논쟁 (3:6-12)	각 논쟁의 도입부에 이중 "선언-질문"의 형식이 등장함; 잘못된 제물에 대한 정죄; 축복이 역전; 열방 가운데 여호와의 이름이 위대하게 됨
D 셋째 논쟁 (2:10-16)	D′ 넷째 논쟁 (2:17-3:5)	여호와께서 결혼의 정절에 대해 증인이 되심; 불성실한 유다

그의 책, *Marriage as a Covenant: A Study of Biblical Law and Ethics Governing Marriage Developed from the Perspective of Malachi*, VTSup52 (Leiden/NewYork: Brill, 1994)를 보라.

74. 아래의 내용은 필자의 글, "가정의 언약적 순결에 대한 성경신학적 고찰: 말 2:10-16을 중심으로", 『개혁신학』 (2012): 236-261의 일부 내용을 개정하고 수정한 것임을 밝힌다.

75. Andrew E. Hill, "Malachi," Patterson, Richard D. & Hill, Andrew E. (eds.), *Minor Prophets: Hosea-Malachi*, Cornerstone Biblical Commentary (Illinois: Tyndale House Publishers, 2008), 628.

25장 십일조는 반드시 해야 하는가?

76. 힐은 이 봉헌물을 포로기 이후 공동체가 내야 하는 '십일조 세(tithe tax)'로 해석한다. Andrew E. Hill, "Malachi," 634을 보라.

참고문헌

한글 자료

김지찬. 『여호와의 날개아래 약속의 땅을 향하여: 구약 역사서 이해 – 문예적 신학적 서론』 (서울: 생명의 말씀사, 2016).

김진수, 『우리에게 왕을 주소서: 하나님 나라의 관점으로 읽는 사무엘』 (수원: 합동신학대학원대학교 출판부, 2011).

장세훈, "창 3:15의 제라에 대한 성경신학적 고찰: 게르할더스 보스의 관점을 중심으로," 『교회와 문화』 (2016): 11-28.

_____, "여호와를 아는 지식의 결핍과 리더십의 문제: 호세아 4:4-6을 중심으로." 『성경과 신학』 71 (2014): 1-21.

_____, "말라기 스케치: 저자, 배경, 이슈, 구조 및 주제를 중심으로", 『국제신학』 제15권 (2013): 543-563.

_____, "칼빈의 역사 문법적 해석의 의의 – 사 14:12의 "헬렐"의 해석을 중심으로", 『개혁논총』 제11권 (2009): 63-85.

_____, "설교를 위한 번역 선택의 중요성에 대한 고찰: 호 1:4; 1:9 및 2:19-20을 중심으로," 『한국개혁신학』 제 26권 (2009): 39-65.

_____, "다니엘서 스케치: 다니엘서의 이슈, 구조 및 신학." 『국제신학』 제10권 (2008): 7-46.

_____, "에필로그로 읽는 전도서", 『교회와 문화』 제18호 (2007): 25-44.

_____, "아름다운 재회(렘 31:15-22)", 『프로에클레시아』 제10권 (2006): 101-114.

_____, "다윗의 인구조사에 대한 재고찰: 대상 21:1을 중심으로," 『교회와 문화』 제14권 (2005): 29-46.

영문 및 번역자료

Andersen, Francis I. & Freedman, David Noel, *Hosea*, The Anchor Bible (Garden City: Doubleday & Company, 1980).

Baker, David L., "Typology and the Christian Use of the Old Testament," in *The Right Doctrine from the Wrong Texts: Essays on the use of the Old Testament in the New*, (ed.) G. K. Beale (Grand Rapids: Baker Books, 1994), 313-30.

Biéler, André, *La Pensée Economique et Sociale de Calvin* (Genève: Georg & Cie S.A, 1961).

Calvin, John, *Commentaries on the First Book of Moses Called Genesis* (ed. and trans. John

King; repr., Grand Rapids, Mich.: Baker, 1989).

Clements, R. E., *Isaiah 1-39* (Grand Rapids: Eerdmans, 1980).

Dearman, J. Andrew, *The Book of Hosea*, NICOT (Grand Rapids: Eerdmans, 2010).

Fredericks, Daniel C., *Ecclesiastes & The Song of Songs*, AOC (Downers Grove: InterVarsity, 2010).

Garrett, Duane A., *Hosea, Joel*, NAC (Nashville: Broadman & Holman, 1997).

Gibson, Scott M. (ed.), *Preaching the Old Testament* (Grand Rapids: Baker, 2006), 김현회 역, 『구약을 설교하기』 (서울: 디모데, 2008).

Hamilton, Victor P., *The Book of Genesis 1-17*, NICOT (Grand Rapids: Eerdmans, 1990), 임요한 역, 『창세기 1』 (서울: 부흥과개혁사, 2016).

Hayes, J. H. and Irvine, S. A., *Isaiah: the Eighth-Century Prophet: His Times and Preaching* (Nashville: Abingdon, 1987).

Hess, Richard S., *Joshua: An Introduction & Commentary*, TOTC (Leicester: InterVarsity Press, 1996).

Hugenberger, Gordon P., *Marriage as a Covenant: A Study of Biblical Law and Ethics Governing Marriage Developed from the Perspective of Malachi*, VTSup52 (Leiden/ NewYork: Brill, 1994).

Johnston, William, *1 and 2 Chronicles*, vol. 1., JSOTSup 253 (Sheffield: Sheffield Academic Press, 1997).

Limburg, James, *Encountering Ecclesiastes: A Book For Our Time* (Grand Rapids: Eerdmans, 2006).

Longman III, Tremper, *Ecclesiastes*, NICOT (Grand Rapids: Eerdmans, 1998).

Martens, Elmer A., *Jeremiah* (Scottdale: Herald Press, 1986).

Mathews, Kenneth A., *Genesis 1-4:26*, NAC (Nashville: Broadman & Holman, 1996), 권대영 역, 『창세기 1』 (서울: 부흥과개혁사, 2018).

McConville, IJ. G., & II Chronicles, *The Daily Study Bible Series* (Philadelphia: Westminster Press, 1984).

O'Connell, R. H., "Isaiah XIV 4B-23: Ironic Reversal Through concentric Structure and Mythic Allusions," *VT* 38 (1988): 407-418.

Oswalt, John N., *Isaiah 1-39*, NICOT (Grand Rapids: Eerdmans, 1986).

Richard D., Patterson, & Hill, Andrew E. (eds.), *Minor Prophets: Hosea-Malachi*, Cornerstone Biblical Commentary (Illinois: Tyndale House Publishers, 2008).

Robertson, O. Palmer, "Current Critical Questions Concerning the 'Curse of Ham' (Gen

9:20-27)", *JETS* 41/2 (1998): 177-88.

Ross, Allen P., *Holiness to the LORD* (Grand Rapids: Baker, 2002), 김창동 역 (서울: 디모데, 2009).

_____, "The Curse of Canaan," *BSac* 137 (1980): 230-240.

Seow, C. L., *Ecclesiastes*, The Anchor Bible (New York: Doubleday, 1997).

Sklar, Jay, *Leviticus*, TOTC (Downers Grove: InterVarsity Press, 2014).

Smith, Gary V., *Isaiah 1-39*, NAC (Nashville: B&H Publishing Group, 2007).

_____, *Hosea, Amos, Micah*, The NIV Application Commentary (Grand Rapids: Zondervan, 2001).

Stek, John H., "Rahab of Canaan and Israel: The Meaning of Joshua 2," *CTJ* 37 (2002): 28-48.

Sweeney, IMarvin A., *The Twelve Prophets*, Vol. 1 (Collegeville: The Liturgical Press, 2000).

_____, *Isaiah 1-39*, FOTL (Grand Rapids: Eerdmans, 1996).

Vos, Geerhardus, *Biblical Theology: Old and New Testaments* (Grand Rapids: Eerdmans, 1948).

Webb, Barry G., *Five Festal Garments: Christian reflections on The Song of Songs, Ruth, Lamentations, Ecclesiastes and Esther* (Downers Grove: Inter-Varsity Press, 2000).

Wenham, Gordon J., *Genesis 1-15* (Waco, TX: Word, 1987).

_____, *The Book of Leviticus*, NICOT (Grand Rapids: Eerdmans, 1979), 김귀탁 역, 『레위기』 (서울: 부흥과개혁사, 2015).

Whybray, R. N., *Ecclesiastes* (Sheffield: Sheffield Academic Press, 1989).

Wright, Christopher J. H., *Old Testament Ethics for the People of God*, (Downers Grove: IVP, 2004), 김재영 역 『현대를 위한 구약 윤리』 (서울: IVP, 2006),

Yamauch, Edwin M., "The Curse of Ham," *CTR* n.s. 6/2(2009): 45-60.

Young, Edward J. *The Book of Isaiah*. Vol. 1. Chapters 1-18. NICOT (Grand Rapids: Eerdmans, 1965), 장도선·정일오 역. 『이사야서 주석 1』 (서울: 기독교문서선교회, 2007).